Erfolg!
Was sonst?

Bildung
Medien
Kommunikation

www.hep-verlag.ch
der bildungsverlag

Andreas Müller
Erfolg! Was sonst?
Generierendes Lernen macht anschlussfähig
Oder: Bausteine für Lerncoaching und eine neue Lernkultur
ISBN-10 3-03905-310-8
ISBN-13 978-3-03905-310-0

Illustrationen: moser graphic design, Bern
Umschlag/Illustrationen: Roland Noirjean, Beatenberg
Layout: GBS, Lyss

Bibliografische Information der Deutschen Bibliothek
Die Deutsche Bibliothek verzeichnet diese Publikation
in der Deutschen Nationalbibliografie; detaillierte bibliografische
Angaben sind im Internet unter http://dnb.ddb.de abrufbar.

2. Auflage 2007

h.e.p. verlag ag
Brunngasse 36
CH-3011 Bern

www.hep-verlag.ch

Andreas Müller

Erfolg!
Was sonst?

Generierendes Lernen macht anschlussfähig
Oder: Bausteine für Lerncoaching und eine neue Lernkultur

hep

Inhaltsverzeichnis

Viel Erfolg!

Jemand rennt über eine Wiese. Mit einem Mal wird er eines Baches gewahr, der ein paar Meter vor ihm munter durch die Wiese fliesst. Nach einer kurzen Sekunde des Abwägens der Entscheid: Springen! Die volle Aufmerksamkeit gilt dem anderen Ufer. Das bündelt die Energien. Nun der Absprung – und das Hindernis ist überwunden.

Noch einmal: Gleiche Situation. Nun aber gilt die volle Aufmerksamkeit dem Bach. Dem Hindernis. Und das Resultat? Pflatsch!

Wenn Widerstände und Hindernisse die Wahrnehmung dominieren, rücken Ziele und Vorhaben in den Hintergrund. Deshalb: Wem gilt die Aufmerksamkeit? Dem Problem? Oder der Lösung? Dem Scheitern? Oder dem Erfolg? Logisch: Dem Erfolg! Denn nichts ist erfolgreicher als der Erfolg.

Erfolg ist das, was erfolgt. Erfolgreich fühlt sich, wer seine Handlungen mit den Erwartungen in Einklang gebracht sieht. Und umgekehrt.

Erfolg hat also mit persönlichen Erwartungen zu tun. Eine der Fragen, die sich stellt, heisst folglich: Was erwarten Lernende denn eigentlich von der Zeit, die sie in der Schule verbringen?

Gute Noten? Tatsächlich, das Messgerät für den schulischen Erfolg ist die Note. Doch: Als Selektionsinstanz orientiert sich die Schule am statistischen Durchschnitt. Konsequenz: Das Notensystem weist die überwiegende Mehrheit der Lernenden dem Mittelmass zu. Mittelmässig sein ist aber – aus der Sicht des Individuums – kein Erfolg.

Einen guten Abschluss? Stimmt, der «gute Abschluss» steht weit oben auf der Hitliste der Erwartungen. Denn mit ihm, dem guten Abschluss eben, verbinden sich diffuse Hoffnungen auf eine Weichenstellung in eine erfolgreiche Zukunft. Doch die Zukunft verlangt nach ANschluss, nicht nach ABschluss. Die Erwartung ist damit ein TRUGschluss.

Nichts? Richtig. Viele Lernende erwarten – mit zunehmender Schuldauer – immer weniger von der Schule. Vielleicht nicht gerade nichts. Denn eine Erwartung bleibt ihnen: Dass die Zeit vorbei geht. Und zumindest in dieser Beziehung können sie des Erfolges gewiss sein.

Viele tausend Stunden verbringen Lernende in der Schule. Das heisst: Ein wesentlicher Teil der Lebenszeit wird in schulischen Umgebungen verbracht.

Eine solche Menge Zeit muss an entsprechend hohe Erwartungen gekoppelt sein. Sonst wird die Schulzeit zum Leerlauf. Die Lehre zur Leere.

Lernende sollen, dürfen und müssen etwas wollen. Zuerst und vor allem von sich. Sie müssen auf Menschen treffen, die sie fordern. Die ihnen helfen, von sich selbst etwas zu erwarten, Ziele zu setzen, Vorhaben zu haben.

Das verlangt nach Arrangements, die solche Erwartungen zulassen. Fördern sogar. Die wollen, dass die Lernenden etwas wollen. Das verlangt nach einem konstruktiven und kreativen Umgang mit Individualität. Mit Unterschieden.

So verlagert sich der Aktivitätsschwerpunkt weg von der Wandtafel hin zu den einzelnen Lernenden. Sie werden zu Handelnden, zu Unternehmern ihrer selbst. Das Gewusst wie – quasi die Professionalität des Lernens – rückt ins Zentrum.

Lernen ist eine durch und durch persönliche Angelegenheit. Und – als Folge davon – sind auch Erfolge individuell. Eine schulische Erfolgskultur entsteht mithin auf der Grundlage persönlicher Erfolgserlebnisse. Und sie entwickelt sich, wenn diese Erfolge mit anderen geteilt werden können.

Viel Erfolg!

Das Buch...

In diesem Buch wird ein Konzept beschrieben: GENERIERENDES LERNEN. Die Idee dahinter: Lernen soll eine Tätigkeit sein, die auf Erfolg ausgerichtet ist. Eben: Auf was denn sonst?

Schulisches Lernen ist demnach an zielführende Verbindlichkeiten zu koppeln. Denn es geht darum, etwas zu generieren. Generiert werden sollen natürlich Kenntnisse. Aber auch Fertigkeiten und Fähigkeiten. Und natürlich: Haltungen und Einstellungen.

Generierendes Lernen entwickelt sich aus einem Rückkoppellungsprozess von

- *Antizipation* – vorausschauen, proaktiv denken und handeln.
- *Partizipation* – teilhaben, handelnder Part dessen sein, was passiert.
- *Reflexion* – sich den Spiegel vorhalten, Strategien entwickeln.

Zu diesem Zwecke sind Instrumente und Werkzeuge entdeckt und entwickelt worden, die die schulische Arbeit wirkungsvoll unterstützen und die Erfolgswahrscheinlichkeit erhöhen. Solche Tools und ihre Wirkungsweise werden im Buch kurz dargestellt.

...ergänzt die Toolbox

Für die tägliche Arbeit in der Schule ist zusätzlich eine Toolbox ausgearbeitet worden. Sie enthält ein Set mit praxiserprobten Werkzeugen. Gebrauchsanweisungen für das Lernen quasi.

Jedes der Werkzeuge und Instrumente ist auf je einer Memocard ausführlich dargestellt. Die Karten (Format A4/einmal gefaltet) enthalten ein Kaleidoskop von Tipps und hilfreichen Angaben: Rezepte, Beispiele, Einsatzmöglichkeiten, Kopiervorlagen, Hintergrundinformationen. Generierendes Lernen in der Praxis eben.

Müller, Andreas / Noirjean, Roland
h.e.p. verlag, Bern, 2004
ISBN 3-03905-127-X

1. Erfolg heisst Anschlussfähigkeit

Zum Erfolg gibt es keine Alternative • Ein anderes Wort für Erfolg: Anschlussfähigkeit • Doch die Schule beurteilt den Abschluss – und verpasst den Anschluss

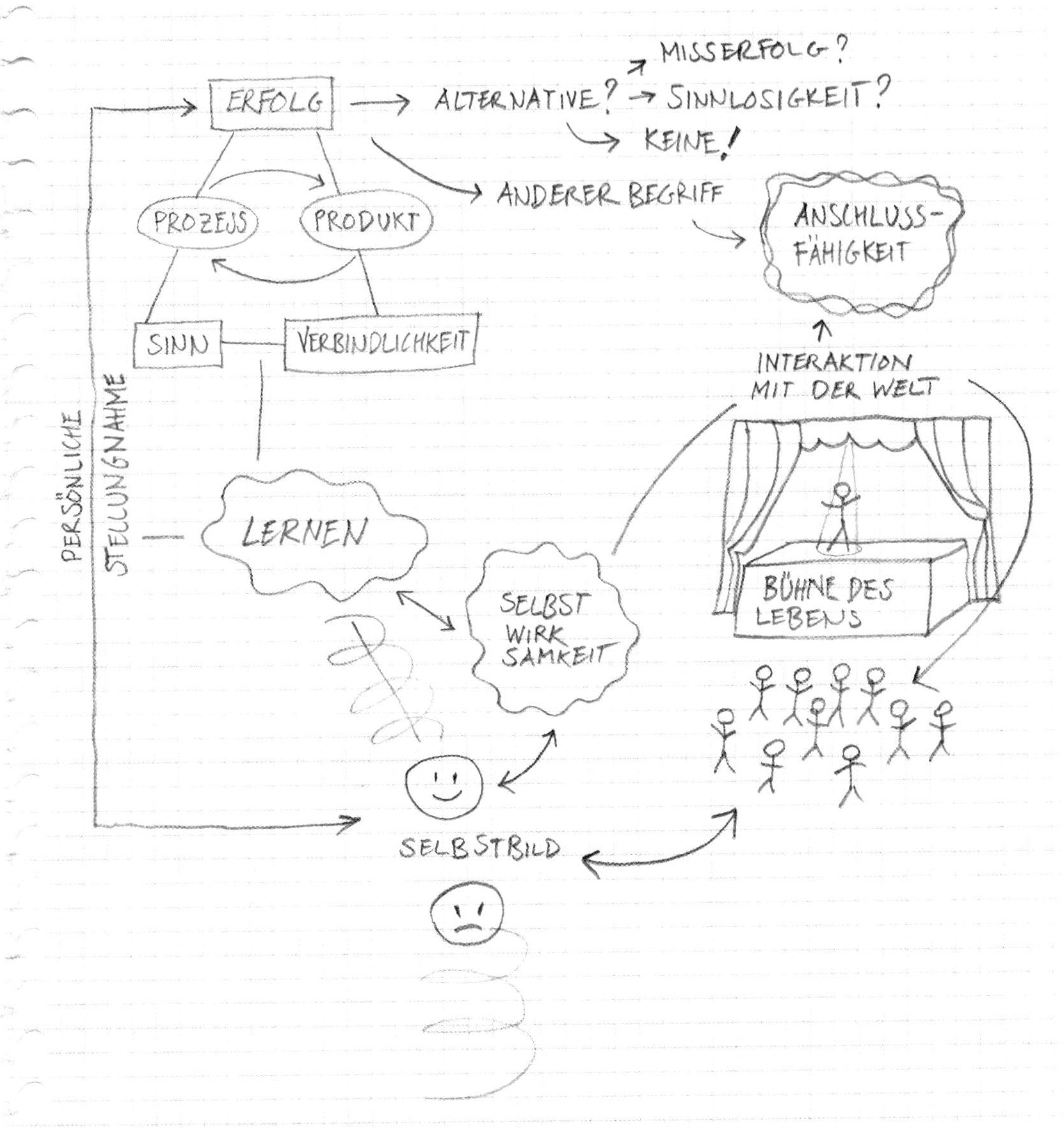
ERFOLG
ALTERNATIVE?
MISSERFOLG?
SINNLOSIGKEIT?
KEINE!
ANDERER BEGRIFF
ANSCHLUSS-FÄHIGKEIT
PROZESS
PRODUKT
SINN
VERBINDLICHKEIT
PERSÖNLICHE STELLUNGNAHME
LERNEN
SELBST WIRKSAMKEIT
INTERAKTION MIT DER WELT
BÜHNE DES LEBENS
SELBSTBILD

Der Mensch lernt selbst und ständig. Er lernt, was immer er tut. Er kann gar nicht anders. Nicht-Lernen geht nicht. Aber es gibt Zeiten, in denen dem Lernen ein spezielles Etikett verpasst wird. Die Schule gehört zu diesen Zeiten. Apropos Zeit: Zwölf- bis fünfzehntausend Stunden verbringen Kinder während der obligatorischen Schulzeit in der Schule. Das prägt. Das prägt vor allem auch das Bild von «Lernen.»

Zuerst die gute Nachricht dazu: «An bundesdeutschen Schulen sagen im ersten Schuljahr 95 Prozent aller Kinder, sie gingen gerne zur Schule.» Und nun die schlechte: «Im vierten Schuljahr sagt das nur noch knapp die Hälfte und mit jedem weiteren Schuljahr sinkt dieser Wert ab.» (*Traebert 2003)*

Damit nicht genug. Denn die weiterführenden Ausbildungen machen es ja beileibe nicht gerade zu ihrer vorrangigen Aufgabe, das ramponierte Ansehen von Schule und Lernen aufzumöbeln. Da kann es nicht überraschen, wenn sich nach schulischer und beruflicher Grundausbildung fast zwei Drittel der Leute definitiv vom Lernen verabschieden. Das darf doch nicht wahr sein! Ist es aber.

«Warum Erwachsene (nicht) lernen» fragt Regula Schräder-Naef im Titel eines nationalen Forschungsprogrammes und liefert in einer der Schlussfolgerungen auch gleich die Antwort: «Belastende und negative Schulerfahrungen.» Das wirft nicht unbedingt das beste Licht auf schulisches Lernverständnis. *(Schräder-Naef 1997)* Und es müsste eigentlich zu denken geben. Denn in einer Gesellschaft, die geprägt ist von umwälzenden Veränderungen, ist Lernen schlicht und einfach kein Wahlfach mehr.

Die gute Nachricht
An bundesdeutschen Schulen sagen im ersten Schuljahr 95 Prozent aller Kinder, sie gingen gerne zur Schule.

Die schlechte Nachricht
Im vierten Schuljahr sagt das nur noch knapp die Hälfte und mit jedem weiteren Schuljahr sinkt dieser Wert weiter ab.

Traebert 2003

Daraus erwächst den Schulen aller Stufen eine Verpflichtung: Förderung von Lernfreude und Lernkompetenz. Das heisst: Sie müssen etwas tun für ein Lernen, das ein Leben lang anhält. Und das passiert am ehesten dann, wenn die Zeit, die in der Schule verbracht wird, als sinnstiftend und erfolgreich erlebt wird. Damit ist klar: Das Ziel von Schule und Lernen heisst: Erfolg! Es gibt keine Alternative. Misserfolg jedenfalls ist keine. Und Sinnlosigkeit auch nicht.

Bühne des Lebens

Noch einmal: Es gibt keine Alternative zum Erfolg. Es gibt allenfalls ein anderes Wort dafür: Anschlussfähigkeit. Die Anschlussfähigkeit, die hier gemeint ist, orientiert sich nicht an toten Wissensbeständen. Sie orientiert sich an der Frage: What do I need to go on stage? Was brauche ich, um die Bühne zu betreten? Die Bühne des Lebens! Anschlussfähigkeit meint also: Willkommen im Leben!

Auf der Bühne des Lebens spielen sich die Dinge nicht nur vor ständig wechselnden Kulissen ab. Darsteller kommen und gehen, die Besetzung der Rollen wird laufend dem Stück angepasst, das seinerseits dauernd umgeschrieben wird. Wahrlich, eine anspruchsvolle Inszenierung. Und eine spannende dazu. Aber kein Stück für Zuschauer. Wer den Anschluss nicht verpassen will, muss selber die Regie übernehmen.

Anschluss ist Kommunikation. Mit sich. Und mit anderen. Das Wesen von Anschlussfähigkeit kristallisiert sich in der Interaktion. Die Qualität der Interaktion mit anderen Rollenträgern und Kulissenschiebern, aber auch mit den inneren Stimmen, bildet eine Grundlage für den Erfolg auf der Bühne des Lebens.

Immer mehr. Immer schneller. Immer lauter. Immer aggressiver. Wie ein strukturloser Konfettiregen. Die Informationsflut setzt den Menschen zu. Mehrere Stunden sitzen sie täglich vor Bildschirmen und lassen ein veritables Bombardement von Talkshows und anderen (Selbst-)Zerfleischungen über sich ergehen.

Ehemalige Klassenkameraden treffen sich nach Jahren zu einer Zusammenkunft. Einer fällt speziell auf: Grosses Auto, teures Outfit, alle Zeichen stehen auf Erfolg. Der Lehrer kann das kaum glauben. Denn just dieser Schüler hatte bei ihm in der Mathematik immer die mit Abstand schlechtesten Noten. Deshalb fragt er ihn, was er denn beruflich so mache. «Ich handle mit Schrott.» – «Und davon kann man reich werden?» – «Ja, ich kaufe das Kilo für zwei Franken und verkaufe es für vier Franken. Und mit diesen zwei Prozent kann ich ganz gut leben.»

Alles scheint zunehmend komplex und kompliziert. Was heute noch marktschreierisch als wichtig verkauft wird, landet morgen bereits auf den Halden des Datenmülls und Informationsschrotts.

«Die Welt, so wie wir sie zu kennen glauben, verändert sich in atemberaubendem Tempo. Wir haben», stellt Heiko Ernst fest, «Entwicklungen in Gang gesetzt, die sich immer weiter beschleunigen und deren Fortgang kaum noch zu kalkulieren, geschweige denn vorherzusagen ist. (...) Der Wandel erscheint oft banal, er erobert in kleinen Schritten den Alltag. Er kommt beispielsweise in Gestalt von Designerschnickschnack, spreizt sich in Modernitätsschlagworten wie Synergie, Flexibilität oder Individualisierung. Anglizismen breiten sich aus – ‹City Call› steht statt ‹Ortsgespräch› auf der Telefonrechnung. *Mouseclicks* strukturieren die Welt, *ethnic food* löst die Bratwurst ab. Wir stehen irritiert vor unzähligen neuen Logos und Symbolen, etwa am Fahrkartenautomaten in der fremden Grossstadt, und versuchen zu begreifen, welcher Tarif für uns gilt.» *(Ernst 2002)*

Anschlussfähigkeit

Menschen sind rund um die Uhr damit beschäftigt, Signale und Impulse zu verarbeiten.

Schweissfüsse, nahende Trams, kaukasische Kreidekreise, zu lange Brüche (sonst müsste man sie ja nicht kürzen), Mehrzahlendungen, Augenaufschläge, Markenklamotten (der anderen), SMS, Zinsformeln, Stubenfliegen und eine unglaubliche Fülle anderer Daten-Bits sind ständig auf der Suche nach jemandem, der ihnen Bedeutung verleiht.

Der Grad an Anschlussfähigkeit eines Menschen zeigt sich darin, was er an Signalen und Impulsen sucht und findet. Und was er daraus macht. Aber nicht nur. Er zeigt sich auch und gerade darin, wie er als Folge davon mit der Umwelt kommuniziert.

Denn das Leben funktioniert nicht nach dem Prinzip der Einwegflasche. Anders gesagt: Menschen sind nicht passive Reizempfänger. Im Gegenteil: Sie streben nach Selbstwirksamkeit[1]. Und sie suchen permanent nach Möglichkeiten, ihre Umwelt selbstwirksam zu beeinflussen.

Anschlussfähigkeit entwickelt sich also interaktiv. Das heisst: Menschen haben die Fähigkeit entwickelt, in der Interaktion mit sich und mit der Umwelt Handlungsalternativen zu entwickeln. Dazu müssen sie permanent entscheiden, welche Informationen für sie relevant sind. Und das in extrem hoher Geschwindigkeit. Dadurch, dass sie es ständig tun, verfeinern sie auch ständig ihr Verfahren zur Gewinnung und Verarbeitung von Informationen. Mit anderen Worten: Sie lernen.

Anders gesagt: Sie entwickeln eine zunehmende Sensibilität für die Signale der Umwelt. Das versetzt sie in die Lage, so interagieren zu können, dass die Wahrscheinlichkeit steigt, von der relevanten Umwelt auch wunschgemäss wahrgenommen zu werden.

Und das Ergebnis? Es lässt sich umschreiben mit Zufriedenheit. Zufriedenheit mit sich und der Umwelt. Es lässt sich auch umschreiben mit Sicherheit. Und mit Selbstsicherheit. Mit Vertrauen. Und mit Selbstvertrauen.

Streetsmart not booksmart

Anschlussfähigkeit findet im Kopf statt; it's a mindgame. Sie gehorcht keinem eindimensionalen schulischen Reiz-Reaktions-Muster nach dem Motto: Tue dies, dann kriegst du das. Das heisst: Anschlussfähigkeit basiert auf einem komplexen Wirkungsgefüge. Und sie äussert sich in Aktivitäten, die eher der Kategorie «streetsmart» als «booksmart» zuzuordnen sind.

- Die Schule gehörte nicht zu jenen Orten, die auf Florian eine besondere Anziehungskraft ausübten. Schon im Kindergarten waren Lernbehinderungen diagnostiziert worden. Und entsprechend freute er sich jeweils auf Tests und Prüfungen wie auf eine Wurzelbehandlung beim Zahnarzt. Resultat: Die Zeugnisse verhiessen im Hinblick auf seine berufliche Ausbildung und vor dem Hintergrund des ausgetrockneten Lehrstellenmarktes wenig Erfreuliches. Florian schien davon gar keine Notiz zu nehmen. Er hatte hohe berufliche Ambitionen. Und klare Vorstellungen, in welchem Lehrbetrieb er seine Ausbildung absolvieren wollte. Dort stellte er sich vor und erkundigte sich nach der Möglichkeit, in seiner Freizeit eine Art Praktikum zu absolvieren. In jeder freien Minute ging er den Leuten zur Hand. Er machte sich nützlich. Nicht, weil er musste, sondern, weil er wollte. Das spürten auch die Ausbildungsverantwortlichen des Betriebes. Sie boten Florian eine Lehrstelle an. Den schulischen Teil der Ausbildung meisterte er mehr schlecht als recht. Aber es reichte. In der

---

1 Selbstwirksamkeit (Self efficacy) umschreibt die subjektive Gewissheit, neue oder schwierige Aufgaben auf Grund eigener Kompetenzen bewältigen zu können. Sie beeinflusst dabei allgemein das Denken, Fühlen und Handeln sowie – in motivationaler Hinsicht – Zielsetzung, Anstrengung und Ausdauer eines Menschen. Eine Erhöhung der Selbstwirksamkeit korrespondiert mit grösserer Lern- und Leistungsfreude. *(Bandura 1997/Fuchs 2004)*

beruflichen Praxis hingegen, mit seiner Leistungsfreude und seiner Hilfsbereitschaft, gewann er stetig an Selbstvertrauen und Zuversicht. Und entsprechend freute er sich über das Angebot des Unternehmens, nach Abschluss der Ausbildung beim Aufbau einer Tochtergesellschaft in Kanada mitzuhelfen.

Erfolge dieser Art sind nicht das Resultat einer genauen Lektüre von Gebrauchsanleitungen und Beipackzetteln. Es geht viel mehr darum, eigene Fähigkeiten und Möglichkeiten zu erkennen und sie mit den Bedürfnissen anderer in Einklang zu bringen. Und mit der Bereitschaft, etwas dafür zu tun.

Nicht «abschlussfähig»

Anschlussfähigkeit ist eine Form von Lebensqualität. Aber Qualität per se gibt es nicht. Die Qualität der Schweizer Militärmesser ist zwar schon fast sprichwörtlich. Zum gediegenen Essen passt es dennoch nicht so ganz. Wer zum feinen Essen einen guten Tropfen Wein trinken will, erfreut sich an der Qualität eines Kristallglases. Auf der Bergtour leistet aber der Schluck Tee aus der Plastikflasche bessere Dienste. Das heisst: Qualität bemisst sich an der Antwort auf die Frage: Wie gut werden die relevanten Bedürfnisse erfüllt?

Lebensqualität und Anschlussfähigkeit sind dann gegeben, wenn eigene und fremde Bedürfnisse in optimaler Weise miteinander in Einklang gebracht werden. Immer wieder von neuem. Es ist ein komplexes und dynamisches Wechselspiel von «sich anpassen» und «sich einbringen.»

Und wie jedes Spiel hat auch dieses Wechselspiel seine Regeln. Allerdings: Die Regeln werden immer neu konstruiert, der Situation und den beteiligten Menschen angepasst. Es ist ein Prozess, beim dem es – ausserhalb der Schule – wenig nützt, auf die Fragezeichen am Ende eines Kapitels zu warten. Die Aufgaben, die das Leben stellt, sind nicht nummeriert. Sie sind nicht mit Fragezeichen versehen. Und sie kommen nicht am Ende eines Kapitels.

Das Leben ausserhalb der Schule richtet sich nicht nach geregelten Stoff- und Stundenplänen. Das Schwere fragt nicht, ob das Leichte schon drangewesen sei. Das Lernen wartet nicht auf die Tafelanschrift. Und es endet auch nicht mit der Pausenglocke. Oder mit dem Zeugnis.

Die gesellschaftlichen und wirtschaftlichen Veränderungen fragen nicht, ob es besser vor oder nach den Schulferien passen würde. Der Wandel ist da. Unübersehbar. Unüberhörbar. Und es gibt verschiedene Möglichkeiten, sich darauf einzustellen. Eines jedoch ist so sicher wie das Amen in der Kirche: Veränderungen bieten Lerngelegenheiten. Und fordern Anschlussfähigkeit.

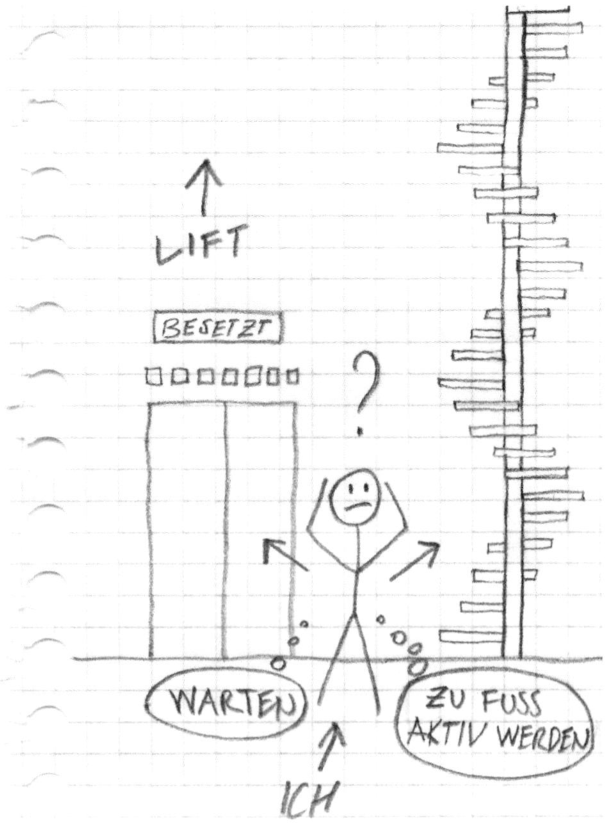

Anschlussfähigkeit folgt dem Prinzip der Selbstorganisation, in einem Prozess von Lernen durch Wahrnehmung, Beschreibung, Interpretation, Bewertung, Handlung und Reflexion. Dahinter stehen Denk- und Handlungsmuster, gebildet aus Ethik, Moral, Tradition, Sitten und anderen Bildern von «Welt», die ihrerseits wieder selbstorganisatorischen Prinzipien unterliegen.

Diese Komplexität macht natürlich auch vor Schulhaustüren nicht Halt. Doch wenn in der Schule von «Anschluss» gesprochen wird, meint man meist eine primitive Version: den Anschluss an die nächstfolgende Ausbildung, der sich manifestiert in den Notendurchschnitten, die für eben diese nächste Stufe erforderlich sind.

Zwar mag eine solche schulische Vorstellung von «Anschluss» einigermassen primitiv und trivial sein; das entsprechende Verhalten der Schülerinnen und Schüler ist es nicht. Die wissen sich nämlich sehr wohl zu optimieren. Sie lernen am Vorabend der Prüfung so viele russische Flüsse, französische Vokabeln oder mathematische Formeln auswendig wie nötig. Nur nicht ungenügend sein, heisst die Devise. Alles andere ist Luxus. Mit diesem Muster kommt man – der Gauss'schen Normalverteilung sei's gedankt – über sämtliche schulischen Anschlusshürden.

Ohne Konsequenzen bleibt das freilich nicht: Schülerinnen und Schüler erhalten auf diese Weise ein völlig verqueres Bild von dem, was Lernen ist. Oder sein könnte. Das heisst: Die Schule betreibt Etikettenschwindel. Sie spricht von Lernen. Und meint Selektion. Und die Lehrer agieren als Platzanweiser von Schulkarrieren.

Das ist durchaus systemkompatibel. Denn: Werden Lernende (aller Stufen) nach dem Ziel ihres Tuns befragt, gehört eine Antwort zum Standardrepertoire: Einen guten Abschluss schaffen. Der Fokus ist auf den Abschluss gerichtet. Nicht auf den Anschluss. Die Schule beurteilt die Abschlussfähigkeit. Und verpasst den Anschluss. Die Schule ist eine Gefangene ihres eigenen Systems geworden.

Selbstwirksamkeit

Eine Befreiung aus dieser ungemütlichen Lage bedarf keiner zusammengeknüpfter Bettlaken. Niemand muss eine Feile in einen Kuchen einbacken. Überhaupt sind keine spektakulären Aktionen erforderlich. Nur die Blickrichtung muss sich ändern. Weg vom Abschluss, hin zum Anschluss.

Unspektakulär ist eigentlich auch das, was Lernende anschlussfähig macht. Zuerst einmal ist es hilfreich, wenn sie ein breites und vernetztes deklaratives (also auf Wissensgegenstände) und prozedurales (also auf Verfahrensweisen bezogenes) Wissen so integriert haben, dass die Umweltgegebenheiten verstanden und Probleme gelöst werden können. Mit dem Wissen eng verbunden sind metakognitive Fähigkeiten, durch die der eigene Wissenserwerb gesteuert und kontrolliert wird. Dreh- und Angelpunkt sind motivationale und emotionale Komponenten, die sich in Interesse äussern und Disziplin positiv besetzen und die eingebettet sind in soziale und moralische Werthaltungen.

Dieser Weg zur Anschlussfähigkeit verläuft entlang der Entwicklung eines positiven Selbstbildes und Selbstwertgefühls und der Überzeugung von der eigenen Wirksamkeit.

Selbstkonzept (self-concept)
Deklaratives Wissen (Kognition) einer Person über sich selbst

Selbstwertgefühl (self-esteem)
Allgemeine positive Bewertung der eigenen Person

Selbstwirksamkeit (self-efficacy)
Überzeugung einer Person, aufgrund eigener Kompetenzen Herausforderungen meistern zu können

«Eine zentrale Komponente persönlicher Identität ist das Selbstkonzept – die Vorstellung, die eine (heranwachsende) Person von sich insgesamt bzw. von wichtigen Teilbereichen der eigenen Person entwickelt. (...) Selbstkonzept und Selbstwertgefühl steuern in einem hohen Masse die Handlungen von Personen und haben grossen Einfluss auf die (emotionale) Verarbeitung von Ereignissen. Personen mit einem positiven Leistungs-Selbstkonzept treten schwierigen Aufgaben zuversichtlich gegenüber und können auch Misserfolge gut bewältigen; Personen mit einem negativen Konzept der eigenen Fähigkeiten werden dazu tendieren, Leistungsaufgaben aus dem Weg zu gehen und unter Misserfolgen zu leiden. (...) Generell bildet sich das Selbstkonzept einer Person aus der Verarbeitung von eigenen Erfahrungen sowie aus Rückmeldungen, die sie von ihrer Umwelt erhalten. Die Schule ist eine wichtige Quelle für solche Erfahrungen und Rückmeldungen.» *(Eder/Lang 2002)*

Neben den verschiedenen Formen direkten Feedbacks spielen vor allem auch die impliziten Rückmeldungen eine zentrale Rolle. An der Art wie die innerschulischen Interaktionsprozesse gestaltet sind, nehmen die Lernenden wahr, ob sie und ihre Leistungen anerkannt und wertgeschätzt werden.

- Der 14jährige Kevin ist irritiert von den Ereignissen des 11. September. Zufälligerweise (?) stösst er auf ein Buch über Osama bin Laden. Er liest. Und er versteht kaum etwas von dem, was da geschrieben steht. Noch einmal macht er sich dahinter. Diesmal mit einer Strategie: Abschnittweise fasst er die Inhalte stichwortartig zusammen. Er liest das Buch sogar ein drittes Mal. Sein Ziel: Er will seine Erkenntnisse und Erfahrungen in einer Präsentation für die Mitschüler zusammenstellen.
- Reto (13) sitzt am Sonntag zu Hause. Er langweilt sich. Mit einem Mal erinnert er sich eines Buches über Saurier, das er unlängst geschenkt bekommen hat. Zuerst blättert er ein wenig darin herum. Langsam beginnen ihn die Darstellungen und Beschreibungen zu interessieren. Er will verstehen, was da steht. Deshalb fertigt er verschiedene Schaugrafiken an und schreibt Texte dazu. Fortan schmücken die «Kunstwerke» sein Zimmer.
- Laura (12) hört zu, wie ihre vier Jahre ältere Mitschülerin erzählt, sie schreibe Gedichte in englischer und französischer Sprache. Laura macht sich auf, es ihr gleichzutun. Zuerst erstellt sie einen Handlungsablauf. Dann bildet sie Sätze in englischer Sprache, und zwar so, dass die Endungen jeweils einen Reim bilden. Einige Stunden feilt sie daran herum, bis sie mit ihrer Arbeit zufrieden ist. Jetzt kann sie ihr erstes englisches Gedicht den Mitschülerinnen und Mitschülern vorstellen. *(Moll 2003)*

Verbindlichkeit

Die Namen sind frei erfunden. Die drei Geschichten haben sich jedoch so zugetragen. Die beteiligten Kinder sind integriert in ein Schulsystem, das sich die Förderung von Lernkompetenz auf die Fahne geschrieben hat. Das fordert ein wertschätzendes Lernklima. Und es braucht Spielräume innerhalb eines Dreiecks von Erfolg, Sinn und Verbindlichkeit.

Erfolg: Lernende sollen die Zeit, die sie in der Schule verbringen, als erfolgreich erleben. Erfolg heisst: Sie merken, dass sie ihr Wissen erweitern. Sie merken, dass sie Dinge können, die sie vorher nicht gekonnt haben. Und sie entwickeln spürbar Freude daran, etwas zu leisten, etwas zu unternehmen.

Sinn: Sinn fällt nicht vom Himmel. Sinn ist eine Art persönlicher Stellungnahme. Lernende sollen sinnlich erfahren, dass die Dinge mit ihnen wahrhaftig etwas zu tun haben. Auf diese Weise entstehen Vorhaben. Es entwickelt sich fragende Neugier. Und daraus resultiert Eigeninitiative.

Verbindlichkeit: Erfolgserleben ist das Ergebnis vieler kleiner Siege über sich selbst. Sie entstehen auf der Grundlage von Verbindlichkeiten. «Dabei sein» und «dranbleiben» sind Stichworte dazu. Es geht darum zu lernen, sich selber beim Wort zu nehmen, damit man sich selber trauen kann.

Ergebnisse: Verbindlichkeit führt zu Handlungen. Und Handlungen führen zu Ergebnissen, zu sinnlich wahrnehmbaren Resultaten von Lernen. Ergebnisse, die die persönliche Handschrift tragen und mit ein bisschen Herzblut geschrieben sind, generieren eine wohltuende Art von Urheberschaft (sense of ownership).

Prozess: Lernen ist ein selbstfördernder Prozess. Gefördert wird das Vertrauen in die eigene Wirksamkeit. Wer innerlich präsent ist, ist emotional beteiligt. Daraus kann sich dieses Gefühl des Fliessens (flow) entwickeln, dieses Gefühl jenseits von Angst und Langeweile. *(Csikszentmihalyi 1996)*

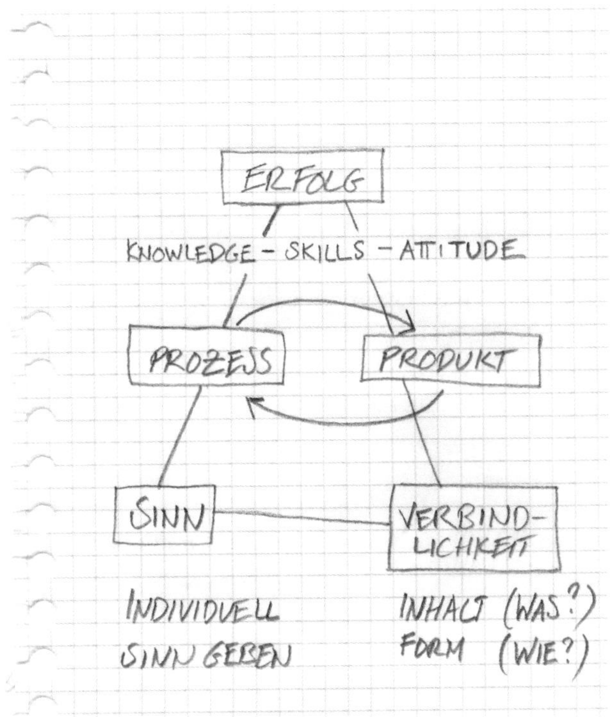

Möglich machen

Form follows function. Wenn Sinn, Wert, Nutzen und – eben – Anschlussfähigkeit eine Funktion haben und eine zentrale Rolle spielen sollen in schulischen Lernsituationen, müssen die Formen das auch möglich machen. Solche Ermöglichungsstrukturen stehen in einigem Widerspruch zur gängigen schulischen Praxis: Man nehme ein Blatt Papier, zeichne einen Stundenplan und fülle ihn mit je einer Anzahl Fächer und zwar so, dass a) die Lehrpersonen ihre persönlichen Bedürfnisse anmelden können und dass b) diesen Wünschen ausreichend Rechnung getragen wird. Im Gegensatz dazu basieren Ermöglichungsstrukturen auf dem Prinzip, dass die Form der Funktion folgt. Und nicht umgekehrt.

Unterricht beginnt ja nie voraussetzungslos. Lernende verfügen über ein differenziertes persönliches Gestaltungsrepertoire. Das gilt es zielführend zu erweitern. Und anschlussorientiert. Ohne eine den individuellen Bedürfnissen Rechnung tragende Systematik und ohne gewisse organisationale Bedingungen kommt die Schule dabei kaum aus. Gleichzeitig müssen die Lernsituationen den Lernenden Spielräume geben und ihnen eigene Entscheidungen bei der Wahl, Organisation, Kontrolle und Bewertung von Lerngegenständen, -zielen und -methoden ermöglichen.

Je mehr die Schule sich mit den Lebenssituationen der Lernenden verbindet, desto höher ist die Wahrscheinlichkeit eines direkten Transfers dessen, was getan wird. Dabei sind drei spezifische Lernkomplexe zu unterscheiden: der systematische Wissenserwerb in verschiedenen Domänen (vertikaler Transfer), das Erlernen der Anwendbarkeit des Wissens sowie die Fähigkeit, Probleme zu erkennen und zu lösen (horizontaler Transfer) und schliesslich der Erwerb von Steuerungs- und Kontrollfunktionen beim eigenen Lernen (lateraler Transfer). Oder ein bisschen einfacher: Wissen. Können. Und Wollen. Damit wird zum Ausdruck gebracht: Stoff ist soviel

wert, wie die Lernenden aus und mit ihm anzufangen wissen. Denn Transfer manifestiert sich in der Antwort auf die Fragen: Was hat das mit mir zu tun? Und: Was ist es mir wert?

Stellung nehmen

Anschlussfähigkeit manifestiert sich in der Fähigkeit, den Chor der inneren Stimmen wirkungsvoll zu dirigieren und ihn mit der ständig wechselnden Orchestrierung der Umwelt in Einklang zu bringen. Es ist die Fähigkeit, eigene Regeln ins kommunikative Wechselspiel einzubringen. Anschlussfähigkeit versteht sich gleichsam als eine Art Synonym für Lernkompetenz. Eine Lernkompetenz, die sich nicht von Prüfung zu Prüfung hangelt. Eine Lernkompetenz, die sich als selbstverständlicher Teil der Lebensgestaltung begreift.

Oder mit anderen Worten: Anschlussfähigkeit ist eine individuelle Stellungnahme zum Leben. Ein persönlicher Entscheid.

- Ein Beispiel dafür – ein eindrückliches – liefert Alexandre Jollien. Eine zerebrale Kinderlähmung, verursacht durch Sauerstoffmangel bei der Geburt, hat das Erlernen des aufrechten Ganges, der Bewegungskoordination und des Sprechens zu schier unüberwindlichen Hindernissen werden lassen. Mit der Perspektive, sein Leben in einer Spezialklinik zu verbringen und Hilfsarbeiten zu verrichten, hätte Jollien allen Grund gehabt zu resignieren. Aber er entschied sich zu leben und sein Schicksal in die eigenen Hände zu nehmen. Gegen den erklärten Willen von Ärzten und Therapeuten entschloss er sich, eine Mittelschule zu absolvieren und schliesslich Philosophie zu studieren. «Lob der Schwachheit» nennt er das Buch (ausgezeichnet von der Académie Française), das in Form eines fiktiven Dialoges mit Sokrates seine Lebensgeschichte erzählt. *(Jollien 2001)*

Erfolg kommt oft sehr laut, aggressiv und spektakulär daher. Nicht Stars werden gesucht, es müssen Superstars sein. Was nicht «mega» ist, ist nichts wert. Und wenn mega nicht mehr reicht, dann wird es halt giga. Auf die Niederungen des Alltags ergiesst sich ein Dauerregen der Superlative; immer knalliger, immer schriller. Inszenierungen von Inszenierungen. Viel Lärm um nichts. Wie in Hans Christian Andersens Märchen von *Des Kaisers neuen Kleidern* die Menschen Gewänder bewundern, die nicht vorhanden sind, werden heutzutage profane Fürze medienwirksam zu Designer-Parfüms hochstilisiert. Es entwickelt sich ein absurder Rausch des Dabei-sein-Müssens, immer auf der Suche nach dem neuesten Kick. Dem Mega-Kick.

Doch es gibt zum Glück auch den ganz normalen Erfolg. Den ohne öffentlichen Applaus und ohne kurzzeitige Prominenz. Und diese Art von Erfolg ist – weil weitaus häufiger – weitaus wichtiger.

Es ist der Junge, der zuerst contre-cœur dem Buch den Vorzug gegenüber der Fernbedienung gibt und dann plötzlich entdeckt, was es alles zu entdecken gibt.

Es sind die Eltern, die ihre Kinder zu autonomen Menschen erziehen, ohne sich dafür in öffentlicher Bewunderung sonnen zu müssen.

Es ist der Lehrer, der sich auch nach zwanzig Jahren noch angespornt fühlt, wenn seine Schüler Freude am Lernen entwickeln.

Es ist die Läuferin, die erstmals die Bergstrecke meistert und sich unbändig über die Leistung freut, die sie reich macht: reich an Erfahrung, Stolz und Selbstbewusstsein.

Erfolg, Anschlussfähigkeit, die erfolgreiche Interaktion mit der Welt sind in den meisten Fällen nicht von spektakulären Auftritten begleitet. Erfolg ist eine persönliche Stellungnahme zu sich und zur Welt. Er basiert auf dem Glauben an eigene Fähigkeiten und einem entsprechenden Gespür für Möglichkeiten. Wer an Möglichkeiten denkt, denkt an Chancen. Und wer an Chancen denkt, fokussiert Lösungen und lässt Dinge entstehen.

2. Anerkennen von Leistung

Die Stunden in der Schule müssen ein Gewinn sein • Anerkennung von Erfolg und Leistung fördern den «Berufsstolz» • Das gibt der Spirale von Wissen, Wollen und Können den richtigen Drall.

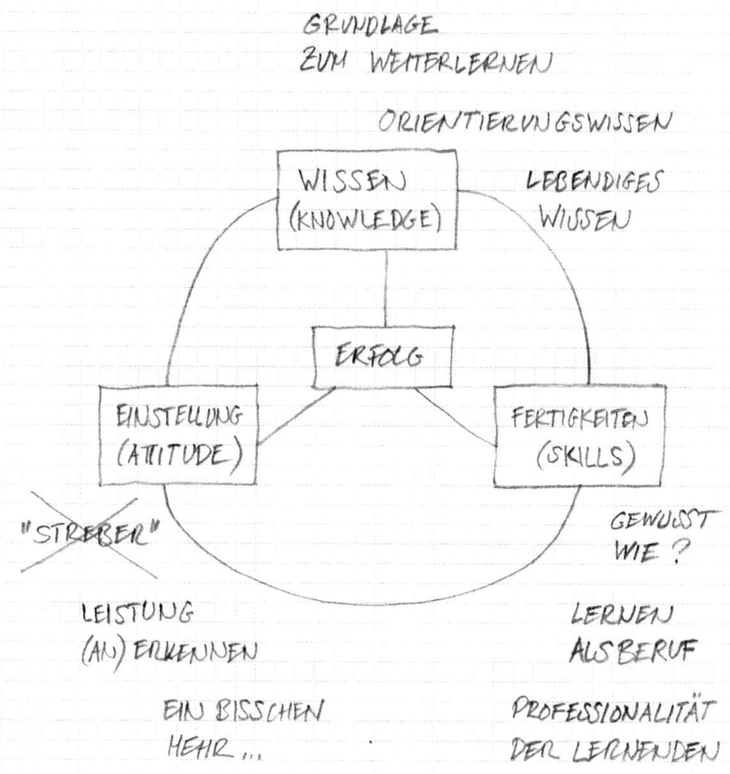
GRUNDLAGE
ZUM WEITERLERNEN
ORIENTIERUNGSWISSEN
WISSEN
(KNOWLEDGE)
LEBENDIGES
WISSEN
ERFOLG
EINSTELLUNG
(ATTITUDE)
FERTIGKEITEN
(SKILLS)
"STREBER"
GEWUSST
WIE?
LEISTUNG
(AN) ERKENNEN
LERNEN
ALS BERUF
EIN BISSCHEN
MEHR…
PROFESSIONALITÄT
DER LERNENDEN

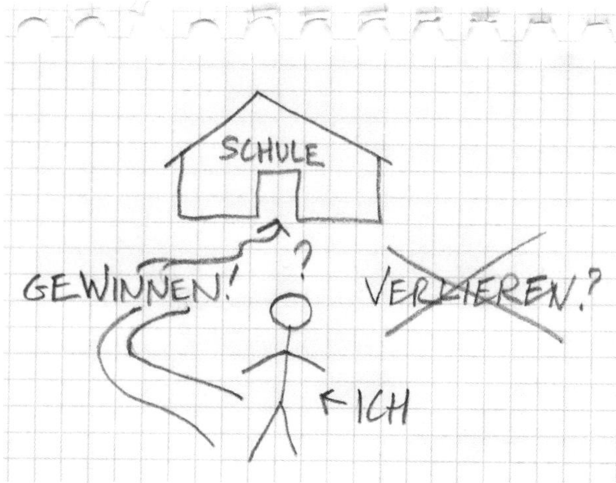

Fussballmannschaften orientieren ihr Spiel meist an einem taktischen Konzept. Beispiel: Sie wollen gewinnen. Dann spielen sie eher offensiv, nach vorne. So entwickeln sich die attraktiven, begeisternden Spiele. Denn es läuft etwas. Und die Spieler können zeigen, was sie drauf haben.

Es gibt natürlich auch eine andere Strategie: Ja nicht verlieren! Keine Fehler machen. Aus der Defensive heraus agieren. In solchen Fällen bestimmt die Taktik das Spiel. Rasenschach. Auf Fehler lauern. Kontrolle. Die Räume eng machen.

Schulisches Lernen verläuft nach ähnlichen Prinzipien. Die Defensiv-Strategie überwiegt allerdings bei weitem.

Beim Fussball kommt eine dritte Verhaltensweise dazu: resignieren. Mannschaften, die mit fünf Toren im Rückstand liegen, geben sich und das Spiel auf. Jetzt kommt es sowieso nicht mehr darauf an. Alle mühen sich ab, das Spiel einfach noch über die Zeit zu bringen.

Auch das lässt sich übrigens in der Schule feststellen. Häufiger sogar als beim Fussball.

Das heisst: Wer zur Schule geht, legt seinem Handeln eine bewusste oder unbewusste Strategie zu Grunde. Eine Art taktische Marschrichtung. Und wie beim Fussball ist es auch beim schulischen Lernen: Wer ständig aus der Defensive heraus agiert oder wer gar resigniert hat, kann auf Dauer keine Freude entwickeln bei dem, was passiert. Ein Spiel zum Abgewöhnen, würde der Sportreporter sagen.

Mit anderen Worten: Wer das Spielfeld «Schule» betritt, muss gewinnen wollen. Nicht gegen andere. Sondern für sich. Für die Lernenden müssen die vielen Stunden, die sie in der Schule verbringen, ein Gewinn sein. Sie müssen einen positiven Zugang zum Lernen und zur Leistung finden. Denn schliesslich geht es darum, einen Grundstein zu legen für die Freude am Lernen, die ein Leben lang anhält. Dazu müssen sie offensiv spielen können. Zeigen können, was in ihnen steckt. Ihre Möglichkeiten zur Entfaltung bringen. Klar deshalb: Das verlangt nach einem Klima und einer Kultur des Lernens.

Die Forderungen nach einer «neuen» Lernkultur sind fast so alt wie die Schule selbst. Und die Klagelieder der Ohnmacht, das Jammern über Rahmenbedingungen und Strukturen, die just das verhindern, klingen ebenso lange durch die heiligen pädagogischen Hallen. Doch das Beispiel Fussball zeigt: Man gewinnt beim Spielen, nicht beim Sich-über-die-Regeln-Ärgern.

Klima prägt Einstellung

Erfolg im Sinne von Anschlussfähigkeit an die sich permanent wandelnden Bedingungen ist das Ergebnis eines wechselwirksamen Zusammenspiels von Wollen, Können und Wissen. Neuhochdeutsch: Attitude, Skills, Knowledge. In dieser Reihenfolge. Denn die ist keineswegs zufällig. Aus den Anfangsbuchstaben bildet sich nämlich ein englisches Verb. Im Imperativ. Ask! Frage! Und Fragen, das gehört zum kleinen Einmaleins, Fragen sind der Motor für Lernprozesse. Und der Treibstoff zugleich.

Wissen, Können und Wollen lassen sich im Prinzip nur theoretisch auseinander halten. Denn es kann kaum Wissen generiert werden ohne adäquate Fähigkeiten. Und diese sind auch wiederum brotlos, wenn es am Willen fehlt, die Ärmel hochzukrempeln.

Ein Beispiel: Bewegung ist gesund. Es ist davon auszugehen, dass die meisten Menschen über ein Minimum an Kenntnissen verfügen, das sie theoretisch zu sportlicher Aktivität befähigt. Die erforderlichen Skills dürfen ebenfalls bei den meisten Menschen vorausgesetzt werden. Und dennoch beschränken ganze Heerscharen ihr sportliches Engagement mehr oder weniger auf den Marathonlauf zum Kühlschrank und zurück, auf das Stemmen der Chipstüte und auf das Drücken des Liftknopfes oder der Fernbedienung.

Dreh- und Angelpunkte sind Haltungen und Einstellungen. Sie bringen unser Innerstes zum Vorschein (oder, mit einem Freud'schen Verschreiber: zum Vorschwein). Unter *Attitude* ist mithin all das zu verstehen, was sich manifestiert in den Beziehungen zu sich selber, zu anderen und zu den Dingen, um die es geht.

Haltungen und Einstellungen sind – zum Glück – nicht in Stein gemeisselt. Sie ver-

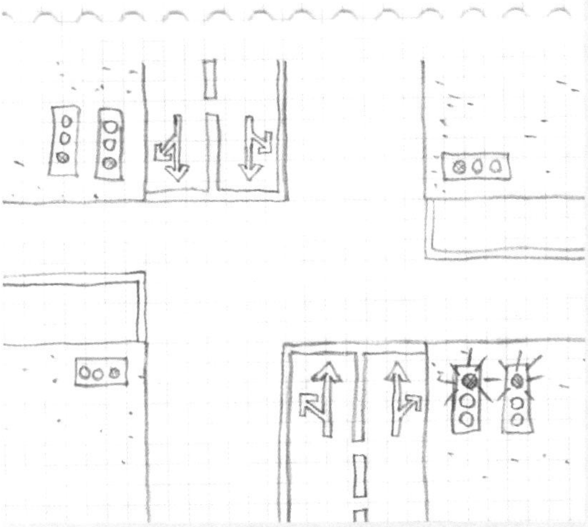

Von der Ampel zum Kreisverkehr
Immer noch werden vielerorts die Verkehrsströme mittels Lichtsignalanlagen zu steuern versucht. Die zunehmende Mobilität hat aber dazu geführt, dass die externen Steuerungsmechanismen den Anforderungen nicht mehr gerecht werden. Das Resultat: Mehr und mehr werden Kreuzungen zu Verkehrskreiseln umgebaut. Das führt zum Prinzip Selbstorganisation. Zudem herrscht im Kreisverkehr Linksvortritt.

Im Systemwechsel manifestieren sich aber noch viel tiefer liegende Unterschiede – und Parallelen zum Schulsystem.

Der Fahrer sieht die Ampel. Sie steht auf Orange. Sofort anhalten. Bei anderen Kreuzungen wäre er jetzt noch durchgeschlüpft. Aber hier nicht: Wenn er jetzt noch fährt, blitzt es. Denn hier wird kontrolliert. Wer sich nicht an die Regeln hält, wird bestraft. Obschon er eigentlich gar nicht hätte anhalten müssen. Denn auf der Querstrasse – deren Ampel auf Grün steht – ist weit und breit kein Auto zu erkennen. So wartet er darauf, bis die Anlage ihm das Zeichen zum Fahren gibt. Er flucht leise über die Sinnlosigkeit der Warterei. Aber: Er kann die Verantwortung abgeben und sich zurücklehnen. Das Einzige, was er tun muss ist zu reagieren, wenn er aufgefordert wird weiterzufahren. Zusammen mit den anderen Wartenden wird er dann im Paket zur nächsten Kreuzung weitergereicht.

Ganz anders beim Kreisverkehr: Da ist der Fahrer selbst gefordert. Proaktiv. Er muss sich aufmerksam dem Verhalten der anderen Verkehrsteilnehmer zuwenden. Er übernimmt selber die Verantwortung. Und: Es funktioniert!

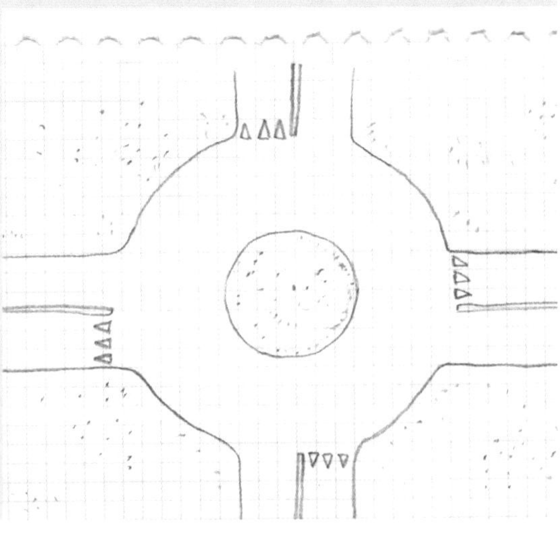

ändern sich – unter anderem in Abhängigkeit zur Interaktionskultur. Oder um es mit Manfred Spitzer zu formulieren: «Wer Lernen für einen passiven Vorgang hält, der sucht nach dem richtigen Trichter. Wer aber Lernen als eine Aktivität versteht, wie beispielsweise das Laufen oder Essen, der sucht keinen Trichter, sondern denkt über die Rahmenbedingungen nach, unter denen diese Aktivität am besten stattfindet.» (Spitzer 2002)

Rahmenbedingungen heisst also das Stichwort. Lernen und damit Haltungen und Einstellungen entwickeln sich in einem Umfeld, in einem Klima. Das kann förderlich sein. Oder nicht.

Schule als Erfolgskiller

«Schüler, die gute Noten schreiben, gelten in Deutschland bei ihren Klassenkameraden rasch als ‹Streber›. Manch einer drosselt sogar sein Engagement, um vor den anderen nicht als Primus dazustehen.» *(Boehnke 2004)* Fazit: Es gilt als verpönt, besonders gute Leistungen zu erzielen. Klaus Boehnke ist im Rahmen einer internationalen Studie der Frage nachgegangen, weshalb die Leistungsfreude an hiesigen Schulen gar nicht gerne gesehen wird und weshalb Schüler von ihren Klassenkameraden sozial ausgegrenzt werden, wenn sie gute Leistungen erbringen. Ja, sie stehen sogar auf die Leistungsbremse, um bei ihren Mitschülern besser dazustehen. Eigentlich verrückt!

«Es verwundert nicht», so Boehnke, «wenn man in etymologischen Wörterbüchern liest, dass der Begriff ‹Streber›, der bis in das 16. Jahrhundert zurückverfolgt werden kann, zunächst nur für den ‹Widersacher› stand, im 18. Jahrhundert dann aber den karrieresüchtigen Beamten bezeichnete. Erst von dort fand der Begriff Eingang zunächst in die Studenten-, dann in die Schülersprache. Man hatte im preussischen Beamtenstaat nicht herauszuragen, sondern man hatte das zu tun, was von allen verlangt wurde. Das Mitläufertum war die Norm und ist – Studentenbewegung hin,

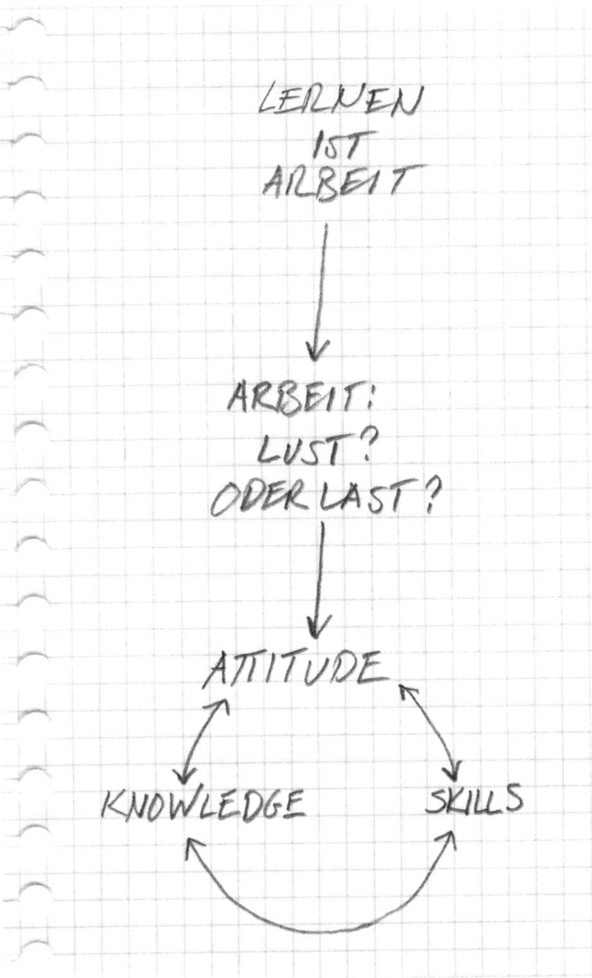

Modernisierung her – wohl immer noch die unter deutschen Schülerinnen und Schülern erwünschte Geisteshaltung.» *(Boehnke 2004)*

Im Klartext: Die Schule ist offensichtlich nicht der Ort für Erfolge und Leistungsfreude. Die Masseinheit heisst «Durchschnitt.»

Die Aussagekraft von Noten ist entsprechend läppisch. Eine Viereinhalb beispielsweise bringt zum Ausdruck: Diese Schülerin ist bei diesem Lehrer in diesem Fach nicht aufgefallen. Und da die Viereinhalb in der Schweiz statistisch gesehen die häufigste Note ist, heisst das: Die meisten Schülerinnen und Schüler fallen bei den meisten Lehrern in den meisten Fächern nicht auf. Nur eine Handvoll Auserlesener findet sich rechts im flach auslaufenden Teil der Gauss'schen Kurve.

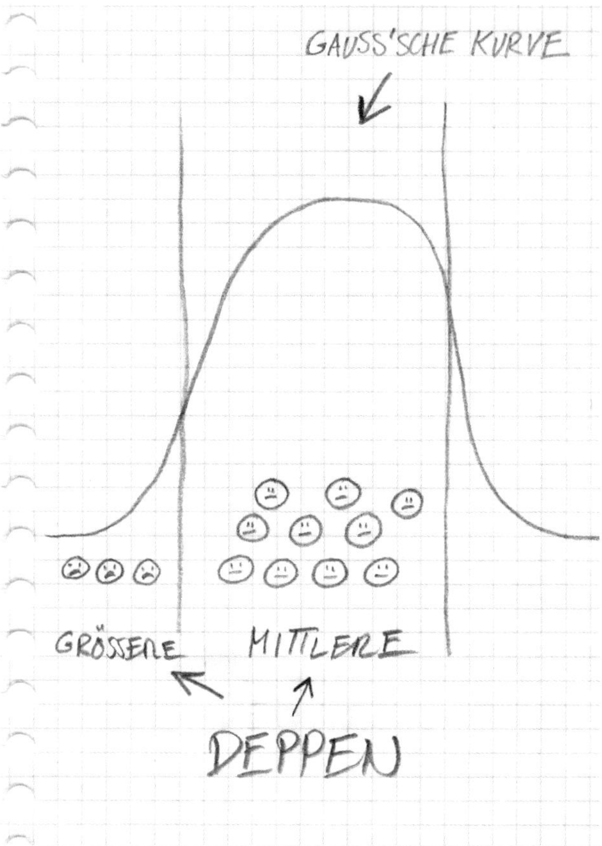

Die logische Folge: Schulische Bewertungssysteme machen vier Fünftel aller Lernenden zu mittleren oder grösseren Deppen.

Wie heisst es im Zauberlehrling: «Die ich rief die Geister, die werd' ich nun nicht los.» Die vielzitierten schwierigen Schüler, denen es an der nötigen Einstellung fehle, sind – vielleicht nicht nur, aber auch – das Resultat des Systems selber. Das System reproduziert sich selber. Und hat sich zum Erfolgs- und Leistungskiller entwickelt.

Nun, die Schule ist ja (auch) ein Spiegel der Gesellschaft. Die politisch-gesellschaftliche Situation ist hierzulande geprägt von einer gigantischen Überreglementierung. Die Bürokratie hat eine Eigendynamik entwickelt, die absurde Blüten treibt. Und wenn der so verwaltete Mensch ein bisschen mehr tun will als nur gerade das Minimum, muss erunglaubliche Energien aufwenden, um all die Steine wegzuräumen, die ihm in den Weg gelegt werden. Erfolge sind a priori suspekt. Wen mag's da noch wundern, wenn in der Schule als Streber gilt, wer willens ist, ein bisschen mehr zu tun. Und das sogar noch gerne tut. Wo kämen wir auch hin, wenn das alle tun würden...

Nichts desto Trotz: Kein Schüler auf der ganzen Welt wird am Morgen aufstehen und sich sagen: «Heute bin ich ein ganz schlechter Schüler.» Alle – nicht nur die Schülerinnen und Schüler – streben nach Achtung und Anerkennung, nach Wertschätzung und hoffen, dass ihre Leistungen gewürdigt werden. Doch viele kennen das Wort «Würde» nur als Konjunktiv. Denn jeden Tag gehen Hunderttausende in ihre Klassenzimmer und mühen sich ab im Hamsterrad ihrer schulischen Tagesroutinen. «Da musst du durch.» Oder: «Beiss die Zähne zusammen.» Oder: «Hab' dich nicht so, wir mussten auch.» Oder: «Das geht vorbei.» So und ähnlich lauten die gutgemeinten Ratschläge jener, die das Ganze bereits hinter sich gebracht haben.

«Kann etwas dagegen getan werden?» fragt Klaus Boehnke. «Ein Klima mit mehrhundertjähriger Tradition umzudrehen, ist gewiss kein leichtes Unterfangen. Es geht keineswegs darum, von unseren Schülern einfach mehr Leistung zu fordern, den Leistungsdruck zu erhöhen, ein neoliberales Jeder-gegen-jeden in der Schule zu fördern, in dem Glauben, dieses mache fit für den globalisierten Arbeitsmarkt. Das Gegenteil ist der Fall. Schüler müssen lernen, dass Leistung Spass macht, allen Spass machen kann.» *(Boehnke 2004)*

Das ist der springende Punkt: Die Schule muss ein Ort sein, wo Erfolge – viele kleine Siege über sich selbst – generiert werden. Leistung kann nur in einem Klima entstehen, das Leistung und Erfolg als erstrebenswert erscheinen lässt. Der Weg zur Lern- und Leistungsfreude beginnt beim archimedischen Punkt des Lernprozesses: beim «Ich-kann.» Und nie beim «Ich-kann-nicht.»

Oder, um es mit Boehnke zu formulieren: «Jede Schülerin und jeder Schüler gibt auch richtige Antworten. Je kleinteiliger man Leistung bewertet, desto leichter fällt es, Teilleistungen als perfekt zu beurteilen. Und je häufiger Schüler sehr gute Leistungen attestiert bekommen, desto mehr dürfte sich ihnen der Eindruck vermitteln, dass Leistung Vergnügen und Zufriedenheit bringt. Gleichzeitig wird die Erfahrung, eine sehr gute Leistung attestiert bekommen zu haben, es ihnen schwerer machen, andere wegen deren Leistungen als Streber zu diffamieren.» *(Boehnke 2004)*

Die Anerkennung von Leistung hat nichts zu tun mit dem verführerischen Sirenengesang des Lobes. Es geht nicht um dieses gönnerhafte und unspezifische Schulterklopfen (das ohnehin nur wenige Handbreit von einem Tritt in den Hintern entfernt ist). Es geht ganz einfach darum, Leistungen *an*zuerkennen. Und noch wichtiger – ohne Vorsilbe «an» – dass die Lernenden selber *er*kennen: Ich kann etwas.

Auf einer solchen klimatischen Grundlage steigt unweigerlich die Bereitschaft, Eigeninitiative an den Tag zu legen, sich in den Hintern zu klemmen, beharrlich ein Ziel zu verfolgen.

Und wenn – als Folge davon – der Blick auf sich selber und auf die eigenen Leistungen keine Angst mehr macht, wenn er sich sogar lohnt, müssen nicht die «anderen» zur Dauerrechtfertigung herangezogen werden. Denn das Leben belohnt den Effort – nicht die Ausreden. Lernen wird zum persönlichen Empowerment.

Lernen als Beruf

Eine Voraussetzung für gelingendes Tun ist das «Gewusst-wie.» Das heisst: Erfolgreiches Lernen verlangt nach *Skills*. Das ist eine Art Sammelbegriff für die Faktoren des Könnens, der Fertigkeiten und Fähigkeiten, der instrumentellen Ressourcen. Oder anders gesagt: Es geht darum, den Beruf des Lernenden zu professionalisieren. Denn Schülerinnen, Schüler, Studierende, sie üben Lernen als Beruf oder mindestens als Nebenberuf aus.

Pygmalion-Effekt
Pygmalion, ein griechischer Künstler, schuf eine Frauengestalt aus Elfenbein und verliebte sich in sie. So bat er denn inständig darum, sie möge lebendig werden. Sein Wunsch wurde erfüllt. Eine Figur wurde lebendig. Eine Vorstellung wurde Realität.

Das ist der Pygmalion-Effekt. Menschen konstruieren sich ihre Welt. Die inneren Bilder der Erfahrungen werden nach aussen projiziert und geben die Kulissen ab, die als Welt, als Realität, als Wahrheit wahrgenommen werden. Self-fullfilling-prophecy, selbsterfüllende Prophezeihung also, nennt sich das Phänomen.

Nun, bei allen Berufsausbildungen spielt das Können eine zentrale Rolle. Der Chirurg muss nicht nur wissen, wie man Bäuche aufschlitzt, er muss es können. Bei der Zahnärztin geht man mit einer Selbstverständlichkeit und im eigenen Interesse davon aus, dass sie den Bohrer an der richtigen Stelle ansetzt. Und vom Piloten erwartet man zu Recht, dass er das Flugzeug nicht nur in die Luft, sondern auch sachte wieder auf die Piste zurückbringt.

Kurz: Berufsleute sollen das, was sie tun, auch richtig zu tun in der Lage sein. Professionalität heisst das Stichwort. Bezogen auf Lernende stellt sich die Frage: Sind sie in der Lage, richtig und wirkungsvoll zu lernen? Sind sie das wirklich? Sind Lernende wirklich Könner ihres Faches, des Lernens? Lernen die Schülerinnen und Schüler das Handwerk ihres Berufes? Kennen sie die Werkzeuge? Und wenden sie sie sachgerecht an? Ist sogar etwas wie Berufsstolz zu erkennen?

Die Antwort heisst: Nein! Menschen, die sich haupt- oder nebenberuflich mit dem Lernen befassen, deren Beruf notabene das Lernen ist, haben just davon kaum eine Ahnung. Sie wissen vielleicht, dass man Textstellen mit Leuchtstift markieren kann. Doch was ist das einzige wirkliche Ergebnis solcher «Lerntechniken»? Die Seiten sehen nachher einfach ein bisschen farbiger aus als vorher.

Studierende quälen sich durch Bücher, weil sie nie gelernt haben, wie man es einfacher und vor allem wirkungsvoller tun könnte. Und lustvoller dazu. Schüler latschen immer in den gleichen ausgetretenen Lernpfaden ins Abseits, weil sie nie etwas anderes kennen gelernt haben. Studierende erheben selbstständiges Arbeiten, Erkennen und Lösen von Problemen, Zeitmanagement, Lern- und Arbeitstechniken in den Rang von Schlüsselfähigkeiten. In der Schule war die Förderung solcher Kompetenzen jedoch kaum ein Thema. *(KSGR 2000)*

Doch: Wer wirkungsvoll und erfolgreich lernen will, muss eine Art Meisterschaft in diesem Fach – dem Lernen eben – entwickeln. Das geht einher mit den Fragen nach dem «Wie?» und dem «Wie auch noch?» – in Verbindung mit dem «Was?». Es geht um eine permanente Erweiterung des Strategierepertoires. Es geht darum, die persönliche Methoden- und Werkzeugkiste à jour zu halten.

«Neues Lernen»
Lernen ist nur über die aktive Beteiligung des Lernenden möglich, wozu auch Motivation und Interesse gehört.

Bei jedem Lernen übernimmt der Lernende in unterschiedlichem Ausmass Steuerungs- und Kontrollprozesse, so dass das Lernen stets ein selbst gesteuerter Prozess ist.

Ohne individuellen Erfahrungs- und Wissenshintergrund und eigene Interpretationen finden im Prinzip keine kognitiven Prozesse statt, weshalb Lernen als konstruktiver Vorgang zu verstehen ist.

Lernen erfolgt stets in spezifischen Kontexten, so dass jeder Lernprozess auch als situativ gelten kann.

Lernen ist schliesslich immer auch ein sozialer Prozess: Zum einen sind der Lernende und seine Aktivitäten stets sozio-kulturellen Einflüssen ausgesetzt, zum anderen ist jedes Lernen stets ein interaktives Geschehen.

Reinmann-Rothmeier/Mandl 1999

Wissen muss nützen

Zum Wollen und Können gesellt sich das Wissen. Knowledge, Skills und Attitude sind in dynamischer Weise miteinander verbunden. Sie bedingen sich gegenseitig. Es ist ein zirkulärer Prozess. Doch von welchem Wissen ist überhaupt die Rede? *Knowledge* steht hier für lebendiges Wissen, das handlungsfähig macht. Handlungskompetenz heisst das Ziel.

Eine Expertengruppe des Bundesministeriums für Bildung, Wissenschaft, Forschung und Technologie macht sich stark für ein dynamisches Modell der kontinuierlichen Ergänzung und Erneuerung von Wissen. «Vieles, was Schüler als Erwachsene benötigen werden, können sie nicht schon jetzt erlernen. Erwerbbar sind allein die Voraussetzungen zum erfolgreichen Weiterlernen.» Denn: «In der Regel ist Wissen an den Kontext seines Erwerbs gebunden.

Es ist nicht ohne weiteres auf andere Zusammenhänge und Situationen übertragbar. Insofern ist es nicht verwunderlich, dass in der Schule erarbeitetes Wissen in ausserschulischen Situationen nicht prompt zur Verfügung steht: Es bleibt träge. Um anwendbar zu sein, bedarf es der Erweiterung. Modifikation und Anpassung an die jeweils spezifische Situation.» *(Baumert 1997)*

Vor diesem Hintergrund plädiert die Expertengruppe dafür, «ein Wissensfundament zu legen, von dem Weiterlernen mit einiger Aussicht auf Erfolg ausgehen kann» und fordert Programme, die «nicht auf direkte Anwendung, sondern auf Anschlussfähigkeit für nachfolgendes Lernen hin konzipiert sind.» Dazu gehören «grundlegende Kenntnisse und Fertigkeiten im muttersprachlichen Bereich und hinreichende Vertrautheit im Umgang mit mathematischen Symbolen» sowie Grundkenntnisse in einer modernen Fremdsprache, «wobei sich Englisch zur Lingua franca entwickelt hat.» Denn, so die Expertengruppe, «diese Wissensbestände haben unmittelbar instrumentelle Funktion für das Weiterlernen.»

Zum obligatorischen Wissensfundament zählen die Experten «ferner ein hinreichend breites, in sich gut organisiertes und vernetztes sowie in unterschiedlichen Anwendungssituationen erprobtes Orientierungswissen.» Es geht also darum, Informationen nicht auswendig zu lernen zum Zwecke der Wiedergabe an Proben oder Prüfungen, sondern sie umzuwandeln in Qualität und Bedeutung.

Zu sehr versteht sich Wissen in schulischen Kontexten als eine Mengeneinheit, die sich in «gehabten» Kapiteln, in Seitenzahlen oder in der Anzahl auswendig gelernter Vokabeln, Aufgaben oder Formeln messen lässt. Das führt dann zur Situation, dass Kinder auf die Frage «Wie gross wurden die grössten Saurier im Jura?» ohne zu zögern mit «24 Meter» antworten können. Als es aber darum ging, draussen die 24 Meter an einem Gebäude zu zeigen, hatten sie nicht die geringste Vorstellung davon. Die 24 Meter waren für sie nichts als eine abstrakte Grösse, sinn- und bedeutungslos.

So versteht denn die Expertengruppe die Schule als einen Ort, der «einerseits der Unbestimmtheit zukünftiger Lebenssituationen und Anforderungen und der Anschlussfähigkeit erworbenen Wissens für Weiterlernen Rechnung trägt und andererseits das Recht des Schülers auf Lernen in sinnstiftenden Kontexten als Regulativ im Auge behält.» Das hat nicht mehr allzu viel mit einem traditionellen Wissensvermittlungs-Verständnis zu tun. Bulimie-Lernen ade!

Mut zum Erfolg

Der Versuch, Wissen vom einen Menschen auf den anderen, also vom Lehrer auf den Schüler übertragen zu wollen, ist ähnlich erfolgsver-

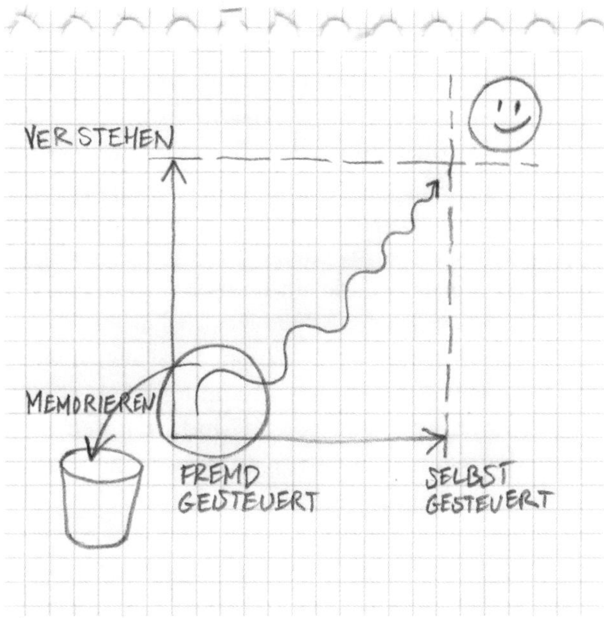

sprechend wie der Versuch, einen Pudding an die Wand zu nageln. Die Faktoren, die Menschen zu dem machen, was sie sind und wie sie sich verhalten, sind so vielfältig vernetzt und damit so komplex, dass ein lineares Ursache-Wirkungsdenken sofort an Grenzen stösst. Komplexe Systeme – und Menschen gehören in diese Kategorie – lassen sich nicht oder nur sehr bedingt von aussen steuern. Kurz: Komplexe Systeme entwickeln sich am wirksamsten selbstgesteuert. Schulische Inhalte können so gesehen gar nicht vermittelt werden. Denn jeder Mensch konstruiert sich sein Wissen und seine Wirklichkeiten selber.

Das heisst: Lernende sind keine trivialen Reaktionsamöben, keine passiven Empfänger von Informationen, sondern viel eher Architekten von Bedeutungspalästen, die zum Teil sehr verwinkelt sind und deren Eingangspforten nur sie selber finden und öffnen können. Der Schlüssel zum Erfolg steckt innen.

Eine zukunftsfähige Bildung geht für die Expertengruppe denn auch nicht ohne «Fähigkeiten der Selbstorganisation und Selbstregulation des Lernens einschliesslich der Bereitschaft, selbstständig weiterzulernen, und der Fähigkeit, Durststrecken im Lernprozess zu überstehen. Zu diesen metakognitiven Kompetenzen und motivationalen Orientierungen gehören Wissen über das eigene Denken und Lernen, die Kenntnis von Lernstrategien und Heuristiken sowie die Fähigkeit, diese Kompetenzen einzusetzen, um den Lernprozess zu steuern. (...) Es schliesst insbesondere jene erwerbs- und metakognitiven Überwachungsstrategien ein, die auf ein tiefes Verstehen des Gelernten zielen.» Und da sich Lernen zunehmend in sozialen Situationen vollziehen wird, in denen Menschen zusammenarbeiten und aufeinander angewiesen sind, nehmen mitmenschliche Schlüsselqualifikationen einen besonderen Rang ein. Es gilt für die Schule, die günstigen Voraussetzungen zu nutzen, «um soziale Kompetenzen wie Perspektivenwechsel, Mitempfinden, Hilfsbereitschaft, Kooperationsfähigkeit, Verantwortungsbereitschaft und moralische Urteilsfähigkeit zu entwickeln.» *(Baumert 1997)*

Wissen (knowledge), Können (skills) und Wollen (attitude) stehen in wechselwirksamem Zusammenhang. Sie bilden eine Art Spiralwirkung – in die eine oder in die andere Richtung. In Richtung Erfolg führt der Weg dann, wenn das Zusammenspiel funktioniert. Der Erfolg manifestiert sich in all den kleinen Siegen über sich selbst. Das schafft Vertrauen. Und wer sich vertraut, der traut sich. So entsteht Mut zum Erfolg.

3. Das Gehirn spielt eine Hauptrolle

Die Welt entsteht im Kopf • Was zwischen den Ohren passiert, lässt sich nur schwer beeinflussen • Klar ist: Ohne Erfolg streikt das Gehirn

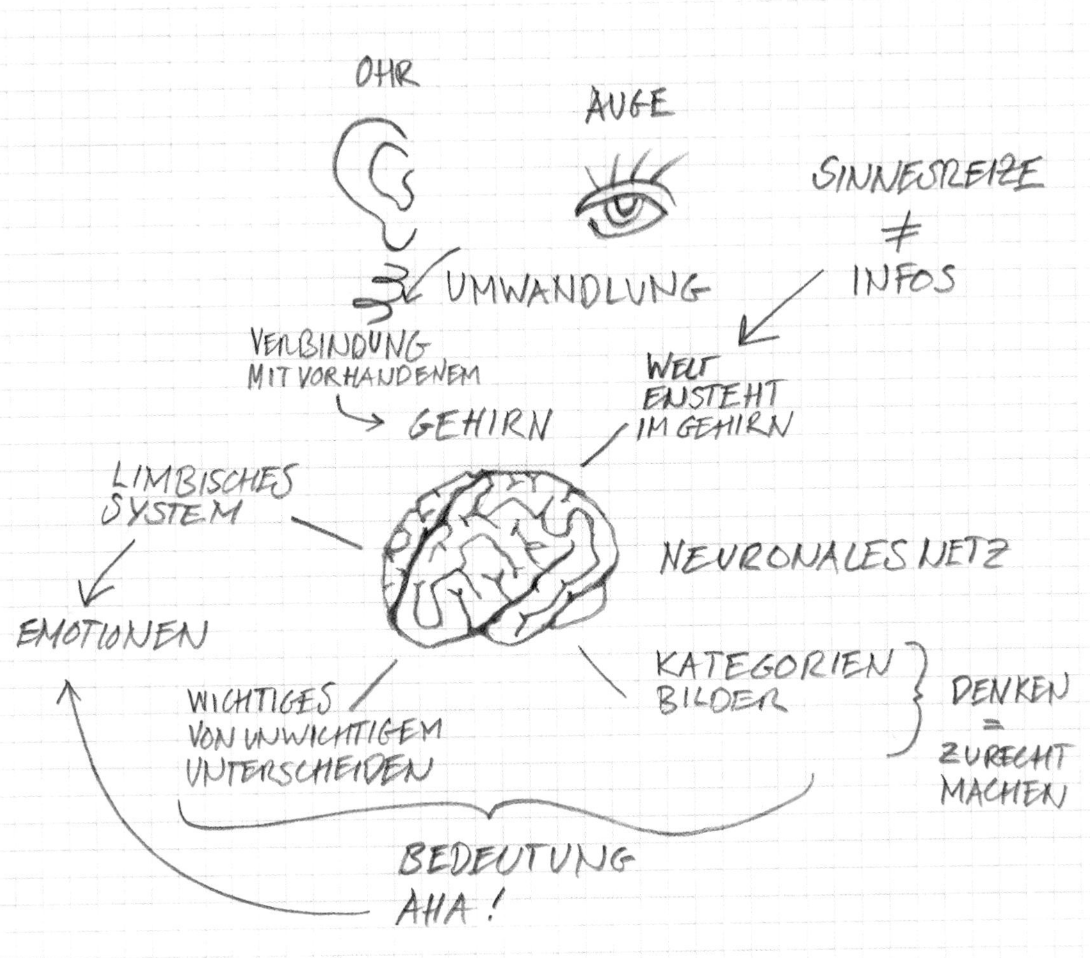
OHR
AUGE
SINNESREIZE
≠
INFOS
UMWANDLUNG
VERBINDUNG
MIT VORHANDENEM
GEHIRN
WELT
ENSTEHT
IM GEHIRN
LIMBISCHES
SYSTEM
NEURONALES NETZ
EMOTIONEN
KATEGORIEN
BILDER
DENKEN
=
ZURECHT
MACHEN
WICHTIGES
VON UNWICHTIGEM
UNTERSCHEIDEN
BEDEUTUNG
AHA!

Jedes Aha-Erlebnis ist ein kleiner Orgasmus. Lösungen finden bereitet Lustgewinn. Kurz: Lernen tut gut. Und das ist nicht nur gefühlsmässig wahrnehmbar. Das lässt sich auch messen. Denn: Bei jedem Lernerfolg schüttet das Gehirn verstärkt Dopamin aus. Und mit diesem körpereigenen Opiat belohnt es sich selbst. Das heisst: Der Mensch verfügt über ein internes Lernbelohnungssystem.

Henning Scheich, Direktor am Leibniz-Institut für Neurobiologie in Magdeburg, weiss deshalb: «Ein Kind lernt dann am besten, wenn es Aufgaben selbstständig löst. Das Lustgefühl, das damit einhergeht, ist nachhaltiger als jede Belohnung von aussen – anders, als viele Erziehungswissenschaftler meinen.» *(Thimm 2002)*

Wenn es ums Lernen geht, spielt das Gehirn die Hauptrolle. Der Anteil am Körpergewicht macht zwar lediglich zwei Prozent aus. Dafür braucht der menschliche Denkapparat etwa einen Fünftel des Sauerstoffs und zwanzig bis dreissig Prozent der Energie. Das zeigt: Das Gehirn erbringt Höchstleistungen; Denken und Lernen sind Schwerarbeit.

Logisch: Sekunde um Sekunde wetteifern unermesslich viele Eindrücke und Wahrnehmungen um die Aufmerksamkeit, denn immer grössere Buchstaben, lautere Töne und temporeichere Filmschnitte buhlen um die Gunst des allseits umworbenen Gehirns.

Das kann nicht alles abgespeichert werden. Sonst wäre die Harddisc zwischen den Ohren in kürzester Zeit von einer Unmenge sinnlosen Datenmülls lahm gelegt.

«Deshalb muss es vor allem zwei schwierige Aufgaben bewältigen: Wichtiges von Unwichtigem unterscheiden und Kategorien bilden. Zunächst destilliert das Gehirn aus all den Gedanken und Ideen, Empfindungen und Erlebnissen jenen winzigen Teil heraus, den es für wichtig genug befindet, niedergelegt und erinnert zu werden. Diesen Extrakt gilt es dann zu ordnen.» *(Thimm 2002)* Ordnen heisst: Verbinden und vernetzen mit vorhandenem Wissen. Oder vermeintlichem.

Hinter dem Stichwort «Hobart» beispielsweise vermuteten Kinder und Jugendliche eine Figur aus einer Geschichte im Stile von Harry Potter. Sie erhielten diese Frage vorgesetzt, just als ein neues Buch über den Jungen mit der Nickelbrille medienwirksam auf den Markt gebracht worden war. Für sie klang «Hobart» deshalb nach jemandem, der Harry Potters Welt entsprungen sein musste.

Ist aber nicht so. Hobart ist die Hauptstadt Tasmaniens. Aha?! Das hilft womöglich auch noch nicht viel weiter. Gut, man kann den Begriff jetzt wenigstens den Kategorien «Geografie» und «Stadt» zuordnen. Die Ergänzung, dass es sich bei Tasmanien um eine Insel im Süden Australiens liegt, lässt dann aber mit hoher Wahrscheinlichkeit Bekanntes anklingen: Aha, Australien! Fünfter Kontinent. Süden – das liegt unten auf der Karte. Mit einem Mal verbinden sich die Orientierungspunkte zu einem Netz. Je mehr solche Wissensanker gesetzt sind, desto dichter spinnt sich das Netz. Und wer beim nächsten Kauf von Äpfeln die Herkunftsbezeichnung «Tasmanien» sieht, setzt eine weitere Orientierungsmarke hinzu.

Wirklichkeit – ein Hirngespinst

Das heisst: Die Welt entsteht im Gehirn. Denn in den Dingen selbst ist keine Bedeutung enthalten. «Sinnesreize enthalten keine primären Informationen. Sie werden beim Hören und Sehen in elementare neuronale Zustände umgewandelt. Diese werden auf vielen Ebenen des Gehirns miteinander und mit dem ungeheuren Vorrat an Vorwissen und begleitenden emotionalen Zuständen kombiniert.» *(Roth 2003)*

- Der Schüler sieht also nicht etwa die Tafelanschrift des Lehrers über die Merowinger. Vielmehr konstruiert sein Gehirn aus der Fülle von Signalen, die von der Netzhaut weitergeleitet werden, in verschiedensten Regionen und über verschiedenste Kanäle das, was der Schüler dann aus den Kreide-

zeichen an der Tafel wahrnimmt. Wenn aus den Merowingern vielleicht die Wikinger werden. Oder beim Stichwort Frankenreich das Gehirn die Tour de France zuschaltet. Oder die Lektüre des Vorabends noch mitschwingt und plötzlich Asterix der Gallier aus dem Nebel des Kreidestaubes auftaucht. Sein Helm weist schliesslich gewisse Ähnlichkeiten mit jenen der Wikinger auf.

- Und die Schülerin hört nicht etwa die Erklärungen zur Kommasetzung vor einem Infinitiv. Ihr Gehirn fischt aus der Masse von Signalen jene raus, die es aus irgend welchen unerfindlichen Gründen für relevant hält. Und daraus konstruiert es auf verschlungenen Wegen das, was an Satzzeichen bei der nächsten schriftlichen Arbeit rauskommt. Oh Mann, wie war das jetzt eigentlich? Beim Infinitiv mit «zu» kommt ein Komma, wenn …? So setzt dann die Hand die Zeichen dort, wo sie das Gehirn einem bestimmten Rhythmus folgend hinkonstruiert.

Es hat etwas Irritierendes an sich: All das, was an der Tafel steht und was über die Kommas erzählt wird, soll eine Rekonstruktion in unserem Kopf sein. Und doch verhält es sich genau so. «Alles, die ganze Wirklichkeit, die wir erleben, ist ein Aktivitätsmuster im Kopf. Die Wirklichkeit ist ein Hirngespinst.» *(Kast 2003)*

Die physikalische Aussenwelt muss hübsch dort bleiben, wo sie ist: draussen. So gelangt das Licht, das die Buchstaben an der Tafel reflektiert, nur bis auf die Netzhaut – und dann ist Endstation. Das Licht gelangt nicht ins Hirn. Die Netzhaut hat die Aufgabe eines Dolmetschers: Sie muss die elektromagnetischen Lichtwellen in die Sprache des Gehirns übersetzen, in elektrische Impulse. Genauso wenig empfängt das Hirn die Schallwellen zur Kommasetzung. «Das Gehirn ist von der physikalischen Aussenwelt geradezu hermetisch abgeriegelt. Hier im Hirn, an diesem dunklen Ort, gibt es kein Licht und keine Schallwellen, sondern nur das Gewitter der Neuronen. Dieses Gewitter im Kopf [2] bringt die Welt, die wir kennen, hervor.» *(Kast 2003)*

Eine der neurobiologischen Kernaussagen heisst denn auch für Gerhard Roth, Neurowissenschaftler an der Universität Bremen: «Wissen kann nicht übertragen werden; es muss im Gehirn eines jeden Lernenden neu geschaffen werden.» *(Roth 2003)*

Glaub' der Teufel, dass es manchmal nichts fruchtet, auch wenn ein Lehrer drei Mal das Gleiche erzählt. Die Transformation von Sinnesreizen in Bedeutungsmuster geschieht nämlich nahezu völlig unbewusst. Die Beschäftigung mit sich selbst ist 100 000 Mal grösser als die Beschäftigung mit Signalen, die von aussen kommen. Mit anderen Worten: Das Gehirn beschäftigt sich fast ausschliesslich mit sich selbst. Das heisst: Was im menschlichen Schädel abläuft, ist ein Prozess, der sich der direkten Steuerung weitgehend entzieht.

Die Bedeutungszuweisung, die gewaltige Arbeit des pausenlosen Filterns und Sortierens, wird von rund 100 Milliarden Nervenzellen im Gehirn geleistet. Jede einzelne dieser Ge-

2 Neuronen, die erregt werden und aktiv sind «feuern.» Das heisst: Die Aktivität äussert sich in Geräuschen, die mit geeigneten Sonden wahrgenommen werden können. Ein Aktivitätsmuster im Gehirn ist also tatsächlich so etwas wie ein Gewitter.

hirnzellen ist permanent verbunden mit zehn- bis zwanzigtausend anderen. Auf diese Weise bildet sich ein gigantisches neuronales Netzwerk mit etwa 100 Billionen Kontaktstellen (Synapsen).

Nicht nur die Zahlen sind beeindruckend, der ganzen Funktionsweise des Gehirns ist mit herkömmlichen Denkmustern nur schwer beizukommen. Das grösste unentdeckte Gebiet der Welt liegt … zwischen zwei Ohren.

Ohne Erfolg läuft nichts

Neurobiologisch gesehen beruht Lernen auf einer mittel- und längerfristigen Umstrukturierung von Netzwerken in unterschiedlichen Zentren des Gehirns. Jeder einzelne Sinneseindruck, jeder Reiz, dem ein Mensch ausgesetzt ist, verändert das fein gesponnene Netz, indem er bestimmte Neuronenverbindungen stärkt und andere abschwächt.

Die Übertragung von Nervenimpulsen findet an den Synapsen statt. Dabei wird die synaptische Übertragungsstärke physiologisch und anatomisch verändert.

Diese Veränderungen werden durch das limbische System gesteuert.

«Es wirkt als Filter, als Flaschenhals, den Informationen passieren müssen, sollen sie im Gehirn weiter verarbeitet und gespeichert werden. Das limbische System ist damit die Instanz, die als relevant und wichtig empfundene Inhalte aussortiert und mit Emotionen versieht. (…) Was für den einzelnen Schüler oder die einzelne Schülerin Emotionen, Aufmerksamkeit, Betroffenheit, Interesse auslöst, was zum Erlebnis wird, bestimmt nicht primär die Lehrperson, sondern jedes Gehirn der Lernenden.» *(Stadelmann 2003)*

Eine wichtige Rolle spielen dabei die chemischen Botenstoffe (Neurotransmitter), wie beispielsweise das Dopamin, das antreibend, belohnungsversprechend wirkt und neugierig macht.

Lernen als Prozess der Bewertung findet folglich, so Manfred Roth, «nur statt, wenn das Gehirn des Lernenden einen Gewinn bzw. Sinn im Lernen allgemein und im Erwerb des speziellen Lerninhalts sieht.» *(Roth 2003)*

Mit anderen Worten: Die neuronalen Schaltkreise unter der Schädeldecke müssen immer aufs Neue überzeugt werden, dass sich das Lernen lohnt. Ohne Erfolg läuft also gar nichts.

Ein Erfolg besteht darin, aus den unzähligen Signalen die relevanten rauszupflücken und mit dem biografischen Wissen so zu verknüpfen, dass Bedeutungen entstehen. Bedeutung manifestiert sich in Gefühlen des Erkennens. Etwas profaner: in Aha-Erlebnissen. Und wenn der Groschen fällt, steigt das Dopamin, dieses endogene Opiat, mit dem das Gehirn sich selbst belohnt. Zuoberst auf der Hitliste der Belohnungen steht der Stolz auf sich selbst, die Freude an der Leistung.

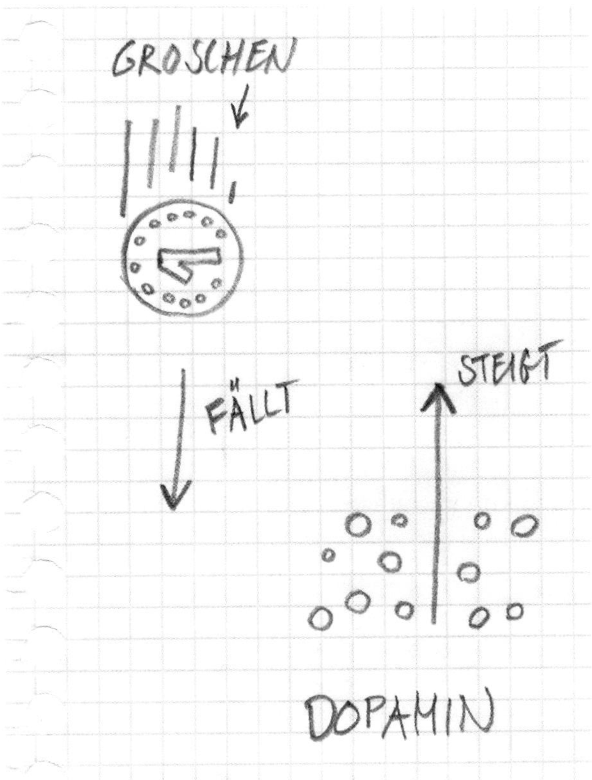

Es kann natürlich auch ganz anders sein: Frust statt Lust. Damit ist nicht die einzelne Niederlage gemeint. Solche Patzer sind ja eigentlich Lerngelegenheiten. Manchmal etwas kostspielige halt. Wenn das Stichwort «Lernen» allerdings dazu führt, dass sämtliche inneren Rollläden auf Kommando heruntergelassen werden wie in einem Wildwestfilm, bevor die Banditen in die Stadt geritten kommen, dann ist etwas schief gelaufen. «Für viele Menschen ist Lernen identisch mit Pauken und vor allem damit, dass es keinen Spass macht. Aber auch dies ist gelernt!» *(Spitzer 2002)*

Klar: Denn Lernen ist eingebunden in einen Rückkoppelungsprozess emotionaler Konditionierung. Dabei kann eben auch das Gegenteil von Stolz und Freude auftreten: Gefühle des Ausgeliefert-Seins, des Misserfolgs, Empfindungen von Stress.

Stresssymptome haben eigentlich eine wichtige Funktion: Sie konzentrieren die Kräfte, indem sie den Organismus darauf vorbereiten, sofort reagieren zu müssen, zu flüchten oder anzugreifen. Der Adrenalinspiegel steigt. Als Folge davon wird Cortisol freigesetzt. Was für die schnelle Reaktion in einer gefährlichen Situation überlebenswichtig sein kann, wirkt sich beim Lernen verheerend aus. Die Empfindungen von Stress schränken Lernbereitschaft und Lernfähigkeit drastisch ein. Die Verbindungen sind blockiert, das Gehirn streikt.

Nicht nur die vielzitierten Prüfungssituationen können solche Blockaden bewirken. Unbehagen und Unsicherheiten, Angst vor Fehlern, soziale Ausgrenzungen, Langeweile, Reizüberflutung, Schuldgefühle, Verlegenheit, Enttäuschungen, Trauer, kurz: alle bewussten und vor allem unbewussten stresscontaminierten Signale erschweren die Arbeitsweise des Gehirns und machen das Lernen zur vergeblichen Liebesmühe.

«Wer im Käfig hockt, der kann nicht laufen und wer einen leeren Teller vor sich hat, der kann nichts essen. Dies mag banal klingen, aber im Hinblick auf das Lernen geht es sehr vielen Menschen leider so oder ähnlich: Grundlegende Bedingungen für ein glückendes Lernen sind nicht erfüllt.» *(Spitzer 2002)*

Gedächtnis – ein Kabelsalat

Fertigkeiten und Einstellungen sind eine Voraussetzung für den Erwerb von Wissen. Vorrangiges Ziel schulischen Lernens muss ein Wissen sein, das handlungskompetent macht.

Dieses Wissen wird in irgend einer Weise abgespeichert im Gedächtnis. Offensichtlich spielt also das Gedächtnis eine tragende Rolle.

Schon lange haben Forscher nach dem Sitz des Gedächtnisses gefahndet. Dabei kamen sie auf allerlei merkwürdige Hypothesen. Noch in den 50er und 60er Jahren ging man beispielsweise davon aus, dass Erinnerungen in Form verschiedenster Eiweissstoffe im Gehirn abgelagert seien. Ein Anhänger dieser Theorie war der Neurophysiologe James McConnel. Er brachte Plattwürmern bei, das Licht zu meiden. Taten sie es, so zerkleinerte McDonnel sie in einem Mixer und verfütterte sie an Artgenossen, die dann angeblich auch das Licht mieden. Der Aufsehen erregende Versuch ging als Irrtum in die Wissenschaftsgeschichte ein.

Gedächtnis, das klingt nach Archiv. Dort werden Erinnerungen abgespeichert, die man je nach Bedarf aus dem inneren Regal holen kann – wenn man sie findet. «Weisst du noch, damals in Kapstadt?» Kapstadt? Der innere Archivar setzt sich schwuppdiwupp in Bewegung und flitzt den Gestellen entlang. Unter K wie «Kapstadt» findet er das gewünschte Bild unter einem Stapel, bläst noch ein bisschen den Staub weg und hält es vor das geistige Auge. «Klar weiss ich noch. Kapstadt, da war doch ...»

Das ist natürlich Quatsch. Das Gedächtnis hat nichts mit einem inneren Bildarchiv zu tun. Das Speichermedium wird gebildet aus den 100 Milliarden Nervenzellen des Gehirns und ihren Verbindungen untereinander. Das Ge-

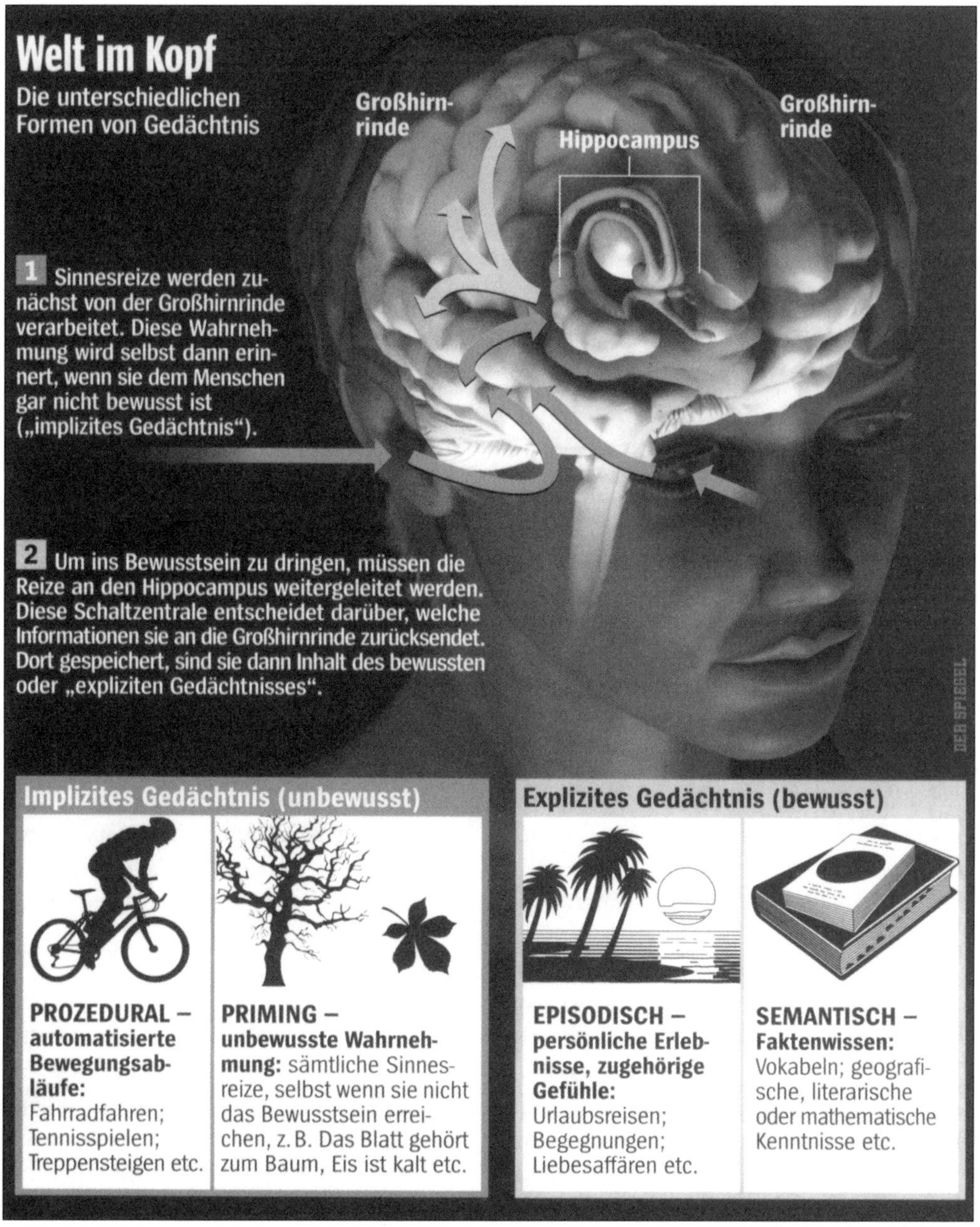

Quelle: Spiegel special, 4/2003

hirn ist im Prinzip ein gigantisches Kabelnetz von mehreren 100 000 Kilometern Länge. Und wie in einem Stromkabel fliessen auch entlang der Nervenbahnen elektrische Impulse. Wird eine Nervenzelle durch einen ankommenden Reiz stimuliert, dann verändert sie in kürzester Zeit ihren Zustand: Sie wird erregt (sie «feuert») oder sie wird gehemmt. Damit ist klar: *Das* Gedächtnis gibt es gar nicht. Und *die* Erinnerung auch nicht.

Eine bestimmte Erinnerung – eine mathematische Formel beispielsweise oder «damals in Kapstadt» – entspricht im Gehirn einer bestimmten Kombination vieler Nervenzellen, die gemeinsam aktiv sind. Erinnerungen werden also jedes Mal wieder neu konstruiert. Und sie sind damit jedes Mal anders.

Kurzfristige Erinnerungen (z.B. das kurzzeitige Merken einer Telefonnummer) sind dadurch gekennzeichnet, dass nur vergleichsweise wenige Nervenzellen in lockerer Verbindung involviert sind.

Sollen Erinnerungen dauerhaft sein, müssen mehr Nervenzellen im Netzwerk aktiviert werden. Das Signal wird damit intensiver. Und zudem bilden sich die Verbindungen zwischen den beteiligten Nervenzellen wesentlich stärker aus. Denn: Wichtige Erinnerungen werden häufiger aktiviert. Die entsprechenden Verbindungen werden dadurch stabilisiert.

Es verhält sich ähnlich wie bei einem Flussdelta. Viele kleine Rinnsale mäandern dem See zu. Kommt ein Hochwasser, werden einzelne dieser Wasserläufe stärker ausgespült als andere. Die Folge: Beim nächsten Gewitterregen wird sich das Wasser seinen Weg zuerst in den bereits ausgespülten Gräben suchen. Die werden dadurch noch tiefer. Und es entsteht so etwas wie eine Systematik.

Das Gehirn mit seinem neuronalen Netz präsentiert sich wie das Flussdelta: Signale, die immer wieder die gleichen Bahnen benützen und entsprechend emotional angereichert sind – der Hauch des Parfums der Angebeteten oder die Rückennummern der Lieblingsspieler –, lassen die Verbindungen stärker werden.

Information ist im Gehirn in Form von Verbindungsstärken zwischen Neuronen gespeichert. Anders gesagt: «Unser Gehirn macht aus flüchtigen Eindrücken bleibende veränderte Verbindungen zwischen Nervenzellen. Aus Erlebnissen der Seele werden Spuren im Gehirn.» (*Spitzer 2002)*

Gehirngerecht lernen

Emotionen und Lernprozesse sind nicht zu trennen. Beispiel: Ein Lernender präsentiert seine Erkenntnisse über den Geburtenrückgang der Waldameisen. Er hat ein gutes Gefühl dabei und spürt, dass die Mitschüler seinen Ausführungen aufmerksam folgen. Und in der Tat: Sie zollen dem Vortrag Respekt und Anerkennung.

Konsequenz: Die nächste Präsentation wird mit hoher Wahrscheinlichkeit geprägt sein von dieser Erinnerung. Und sie wird ähnliche Aktivitäten im neuronalen Netz auslösen. Verbindungen und Synapsen werden – wie die Wasserläufe im Flussdelta – stärker ausgebildet. «Vortrag» und «gute Gefühle» entwickeln sich zu einem Bedeutungspaar, das in einer stabilen Beziehung lebt.

Natürlich entstehen gegenteilige Entwicklungen auf die gleiche Weise. Lernende, die an der Prüfung versagt haben, speichern den ganzen Kontext der Situation. Wenn sie das nächste Mal einen Prüfungsraum betreten, wenn sie Aufgaben vorgesetzt erhalten, wenn die Zeichen auf «Prüfung» stehen, schickt das Gehirn die entsprechenden Signale den bekannten Verbindungen entlang. Die Disposition zum Versagen ist eigentlich schon vor der Prüfung im Gehirn angelegt.

Lernen ist ein sich selbst fördernder Prozess. Und im Prinzip laufen alle Situationen im Grossen wie im Kleinen nach den selben Mustern ab. Zwei Bezugsgrössen beeinflussen die Lern- und Gedächtnisleistung:

- Vorwissen/Anschlussfähigkeit: Signale werden Bezugs- und Ankerpunkten des biografischen Wissens zugeordnet. Mit anderen Worten: Je mehr Andockmöglichkeiten, je mehr das Bekannte ruft, «hier bin ich», desto stärker werden Verbindungen im neuronalen Netzwerk ausgebildet. Es geht aber nicht nur um die Menge der Andockmöglichkeiten, sondern auch um ihre thematische Vielfalt.

  Denn wer «Dänemark» nur mit «Coupe» verbinden kann, dem wird zu diesem Stichwort mit dem besten Willen keine Hauptstadt einfallen.

- Bewusste und unbewusste Gefühle: Allgemeine Lernbereitschaft, Vertrauen zum Lernkontext (räumlich und personell), spezifisches Interesse, Belohnungserwartung sind die emotionalen Träger der Botschaften, die Baumeister des Lernerfolges. Alle – ausnahmslos alle – Informationen sind vom Gehirn in einen emotionalen Bedeutungszusammenhang gestellt worden. Und zwar nicht nur das entsprechende Signal selber, sondern auch der Kontext, in dem es aufgetaucht ist. Der Erlkönig ist deshalb nicht einfach ein Gedicht; das neuronale Netzwerk verbindet damit auch die Ängste, die beim Aufsagen vor der Klasse schier den Atem abgeschnürt haben.

Das zeigt: Lernen ist keine Sache. Das Gehirn macht nicht nur zurecht, es paniert noch alles mit Emotionen.

Nicht der Verstand, sagte Sigmund Freud, sondern das Gefühl bestimmt unser Verhalten. Recht hat er. Allein schon die Anatomie des Gehirns liefert eine Erklärung. «Es gibt Hirnzentren, die Gefühle hervorbringen, und solche, die sich eher auf das Denken spezialisiert haben. Schaut man sich die Verbindungen zwischen diesen Hirnarealen an, dann ähnelt das, was man sieht, einer Art Einbahnstrasse: Es gibt viel mehr Nervenbahnen von den Emotionszentren zu den Denkzentren als umgekehrt.

Mit anderen Worten: «Wir wissen, dass wir uns nicht in die wunderschöne, aber längst vergebene Kollegin verlieben dürfen. Wir wissen, dass Flugzeuge das sicherste Verkehrsmittel sind. Wir wissen, dass wir zu viel essen. Mit den wenigen Nervenbahnen, die uns zur Verfügung stehen, versuchen wir, auch unsere Emotionszentren von diesen Einsichten zu überzeugen. Aber dabei schiessen wir mit Spatzen auf Kanonen. Inzwischen schicken die Emotionszentren ihre Signale über massive Parallelverdrahtungen an unsere Denkzentren, mit der Folge, dass wir nur noch an die Kollegin, den Absturz und das nächste Wiener Schnitzel denken …» *(Kast 2003)* Aber nicht nur bei Liebe, Tod und Wiener Schnitzel siegen die Emotionen über die Vernunft. Auch der Alltag – die Mathematikaufgabe beispiels-

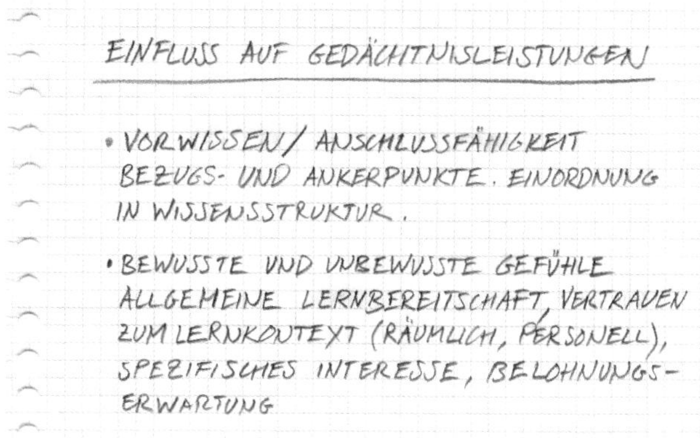
EINFLUSS AUF GEDÄCHTNISLEISTUNGEN

• VORWISSEN / ANSCHLUSSFÄHIGKEIT BEZUGS- UND ANKERPUNKTE. EINORDNUNG IN WISSENSSTRUKTUR.

• BEWUSSTE UND UNBEWUSSTE GEFÜHLE ALLGEMEINE LERNBEREITSCHAFT, VERTRAUEN ZUM LERNKONTEXT (RÄUMLICH, PERSONELL), SPEZIFISCHES INTERESSE, BELOHNUNGS-ERWARTUNG

weise – hüllt sich in einen Mantel der Gefühle. Subtil vielleicht, aber nicht minder wirkungsvoll.

«Eigenverantwortliche, selbstgesteuerte, bewusst gewollte, emotionsbegleitete Tätigkeiten, nicht passives, unbeteiligtes, emotionsloses Hinnehmen, führen bevorzugt zur physischen Veränderung des Gehirns und damit zum nachhaltigen Lernen. (…) Lernen bedeutet vernetzen, verbinden, einbauen in das bisherige Netzwerk. Wir können davon ausgehen, dass Lernprozesse, welche die Vernetzung fördern und die Fähigkeit des Gehirns zu vernetzen ausnützen, erfolgreicher sind. Eingangskanäle der Wahrnehmung ansprechen, vielseitige Fähigkeiten, Fertigkeiten und Tätigkeiten anregen und so das Gehirn vielseitig beanspruchen, zu bevorzugen.» *(Stadelmann 2003)*

Wer im schulischen Kontext erfolgreich lernen und arbeiten will, tut gut daran, den Funktionsweisen des Gehirns Rechnung zu tragen. Gehirngerecht lernen heisst folgerichtig die Devise. Und wie man weiss: Das Gehirn hat nichts gegen Erfolge einzuwenden. Im Gegenteil!

«Alles Denken ist Zurechtmachen», hat Christian Morgenstern vor mehr als hundert Jahren formuliert. Daran hat sich zwischenzeitlich nichts geändert: Lernen heisst Bedeutung generieren. Das Gehirn ist zwar fast ausschliesslich mit sich selbst beschäftigt.

Allerdings: Ganz so passiv ist der Mensch seinem Denkapparat nicht ausgeliefert. Durch geeignete – gehirngerechtere – Formen des Lernens und Arbeitens kann die Erfolgswahrscheinlichkeit erheblich erhöht werden. Man muss als Lernender nicht tatenlos zuschauen, was das da oben mit einem tut. Ein Stichwort dazu heisst: Lernkompetenz. Lernkompetent ist, wer sich seines Verstandes bedienen kann. Und das lässt sich durchaus lernen. Es gibt so etwas wie eine Gebrauchsanweisung für den Kopf.

4. Generierendes Lernen als Dreh zum Erfolg

Lernen ist an zielführende Verbindlichkeiten zu koppeln • Proaktiv sein, innerlich präsent und ergebnisorientiert heisst die Maxime • Denn Leistungsfreude folgt der Logik des Gelingens

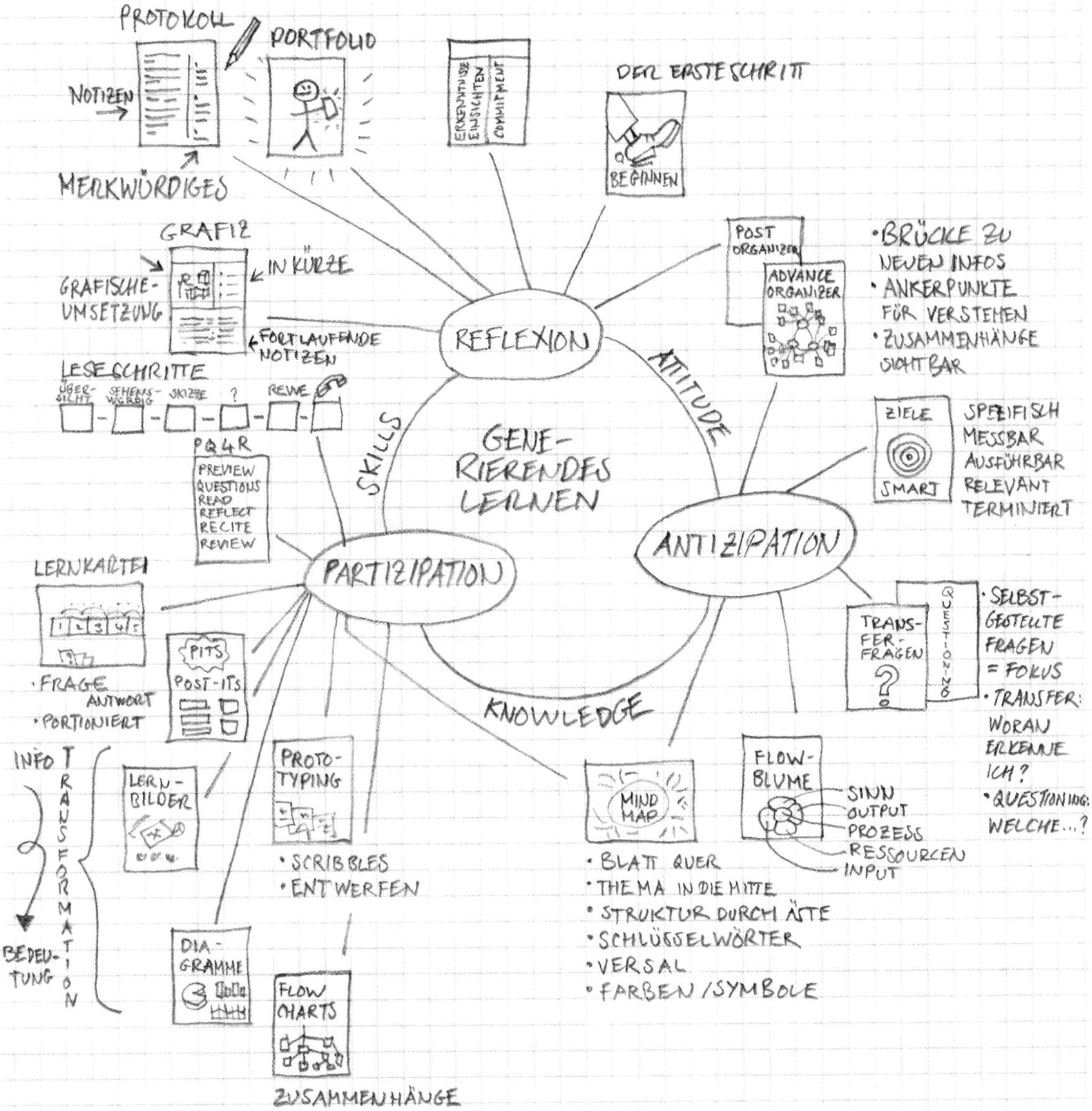
GENERIERENDES LERNEN
REFLEXION
ANTIZIPATION
PARTIZIPATION
ATTITUDE
SKILLS
KNOWLEDGE
PROTOKOLL
NOTIZEN
MERKWÜRDIGES
PORTFOLIO
ERKENNTNISSE
EINSICHTEN
COMMITMENT
DER ERSTE SCHRITT
BEGINNEN
GRAFIZ
GRAFISCHE UMSETZUNG
IN KÜRZE
FORTLAUFENDE NOTIZEN
LESESCHRITTE
ÜBERSICHT
SEHENSWÜRDIG
SKIZZE
?
REVUE
PQ4R
PREVIEW
QUESTIONS
READ
REFLECT
RECITE
REVIEW
POST ORGANIZER
ADVANCE ORGANIZER
• BRÜCKE ZU NEUEN INFOS
• ANKERPUNKTE FÜR VERSTEHEN
• ZUSAMMENHÄNGE SICHTBAR
ZIELE
SMART
SPEZIFISCH
MESSBAR
AUSFÜHRBAR
RELEVANT
TERMINIERT
TRANSFER-FRAGEN
?
QUESTIONING
• SELBST-GESTELLTE FRAGEN = FOKUS
• TRANSFER: WORAN ERKENNE ICH?
• QUESTIONING: WELCHE …?
LERNKARTEI
1
2
3
4
5
• FRAGE
ANTWORT
• PORTIONIERT
PITS
POST-ITS
INFO
TRANSFORMATION
BEDEUTUNG
LERNBILDER
PROTOTYPING
• SCRIBBLES
• ENTWERFEN
DIAGRAMME
FLOW CHARTS
ZUSAMMENHÄNGE
MIND MAP
• BLATT QUER
• THEMA IN DIE MITTE
• STRUKTUR DURCH ÄSTE
• SCHLÜSSELWÖRTER
• VERSAL
• FARBEN / SYMBOLE
FLOW-BLUME
SINN
OUTPUT
PROZESS
RESSOURCEN
INPUT

Die Förderung von Lernkompetenz fusst auf einer Grundhaltung, die nicht von einem Prinzip des Belehrens ausgeht, sondern von einem des Lernens. Das Stichwort heisst: Generierendes Lernen. Generieren heisst so viel wie etwas erzeugen, etwas erschaffen, das vorher nicht da war. Das ist eigentlich ein Pleonasmus. Denn Lernen schafft immer in irgend einer Form etwas Neues. Verbindungen mit dem Wort «Lernen» sind so gesehen meistens Pleonasmen. Zum Beispiel «selbstständiges Lernen.» Denn bekanntlich lernt der Mensch ja selbst und ständig.

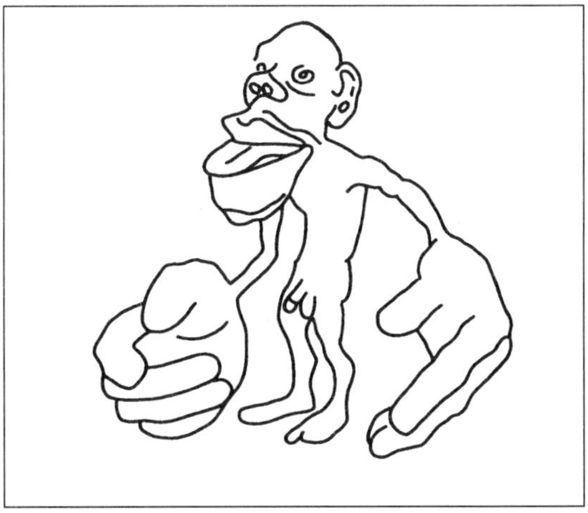

Der Penfield-Homunkulus. So sähe der Mensch aus, wären die Körperteile von der Grösse, wie sie das Gehirn repräsentiert.

Das bedeutet: Mit einer näheren Beschreibung von «Lernen» werden Akzente gesetzt, wird eine spezifische Qualität zum Ausdruck gebracht. Nicht selten beschreibt diese Qualität die Art und Weise des Lernens: selbstständig, eigenverantwortlich, selbstreguliert, selbstgesteuert. Selbstständigkeit hat derzeit Hochkonjunktur. Wer selbstständiges, selbstorganisiertes, selbstreguliertes Lernen fordert, kann sich des anerkennenden Schulterklopfens gewiss sein. Das ist auch richtig so. Oder zumindest: Es ist nicht falsch.

Selbstständig ist das Gegenteil von unselbstständig. So gesehen verdient die Forderung nach selbstständigem Lernen durchaus Unterstützung – moralisch jedenfalls.

Im Grunde genommen führt das aber noch nicht viel weiter. Diese Adjektive beschreiben ja eigentlich nur die Art und Weise, wie etwas – lernen eben – von wem getan wird. Aber das allein macht den Erfolg noch nicht aus. Noch lange nicht. Das heisst: Es geht nicht um die Selbstständigkeit per se. Denn Lernende können sich mit ihren Bemühungen auch selbstständig und selbstreguliert irgendwo im Niemandsland von Frust und Beliebigkeit wiederfinden.

Schulisches Arbeiten – soll es erfolgreich sein – ist an Vorhaben, an zielführenden Verbindlichkeiten, an erwünschte Entwicklungen zu koppeln. So versteht sich denn auch «generierendes Lernen»: Es geht darum, etwas zu generieren, zu erzeugen. Erzeugt werden soll Wissen. Klar! Aber auch Fertigkeiten und Fähigkeiten. Und vor allem: Einstellungen und Haltungen.

Der Fokus richtet sich folglich auf die Entwicklung individuell relevanter Kompetenzen im sachlichen wie im methodischen und sozialen Bereich.

Und das Gehirn moniert zu Recht, dass man dabei bitte seiner Art des Funktionierens Rechnung tragen möge. Dazu gehört die Erkenntnis, dass Wissen nicht von einem Kopf in den anderen übertragen werden kann. Denn «Lernen erfolgt nicht passiv, sondern ist ein aktiver Vorgang, in dessen Verlauf sich Veränderungen im Gehirn des Lernenden abspielen.» *(Spitzer 2002)* Oder anders gesagt: Lernen ist ein Transformationsprozess. Transformieren heisst: Den Informationen eine innere und äussere Form geben, sie be*greifbar* machen. Und es heisst auch: Quantität transformieren in Qualität.

Lernen ist etwas ganz anderes als belehrt werden. Ebenso wie handeln etwas ganz anderes ist als behandelt werden. So gesehen ist eigentlich klar: Schülerinnen und Schüler sollen lernen und handeln. Oder noch besser: Lernen durch Handeln.

Nahrung für den Geist

Noch bis tief ins 18. Jahrhundert hinein liess sich das gesamte verfügbare Weltwissen durch Enzyklopädisten aufschreiben. Irgend jemand hat einmal ausgerechnet, dass eine einzige Sonntagsausgabe der New York Times unserer Tage mehr Informationen enthält, als ein Mensch der damaligen Zeit in seinem ganzen Leben aufzunehmen Gelegenheit hatte. Und eine andere Rechnung besagt, dass ein Kind in der heutigen Gesellschaft in einem Jahr so viele Daten vorgesetzt kriegt, wie seine Grosseltern in ihrem ganzen Leben.

Das mag rechnerisch alles sogar stimmen. Aber es sagt nichts darüber aus, ob die Menschen auch entsprechend mehr Wissen im Hinblick auf eine erfolgreiche Lebensgestaltung zu generieren in der Lage sind. Denn eben: Informationen sind zunächst nur beliebige Daten-Bits auf der Suche nach Menschen, die etwas mit ihnen machen. Bedeutung nämlich.

Ähnlich wie beim Essen: «Im Supermarkt gibt es zwar alles in – verglichen mit den Mengen, die wir essen können – praktisch unbegrenzter Menge. Ein gutes Essen ist jedoch weit mehr als die Zutaten. Erst durch geschickte Zusammenstellung und Zubereitung werden aus Zutaten Speisen und erst deren wiederum geschickte Zusammenstellung und Reihenfolge macht ein gutes Essen aus. Nicht anders steht es um das Aufbereiten der uns immer und überall zur Verfügung stehenden Quellen geistiger Nahrung für das Lernen. Informationen sind Nahrung für den Geist.» *(Spitzer 2002)* Aber eben: Wir ernähren uns von dem, was wir verdauen. Nicht von dem, was uns vorgesetzt wird.

Keine Frage: Auch in der Schule ist eine kognitive Überfütterung allgegenwärtig. Als Kontrapunkt zu dieser Verhirnlichung setzt generierendes Lernen auf die Karte Versinnlichung. Denn Sinnlichkeit erleichtert Sinn-Findung. Und damit wird Lernen als aktiver Gestaltungsprozess (auch) gehirngerecht. Das Ziel: Verstehen! «Aha!» heisst der entsprechende Effekt. Generierendes Lernen rückt deshalb das eigene Erleben und Erfahren in den Vordergrund und setzt frontal instruktives (Be)Lehren auf die hinteren Bänke.

Lernen – ein Durcheinander

Häufig werden Lernprozesse so dargestellt, dass nach einer Phase der Vorbereitung die eigentliche Lerntätigkeit beginnt. Aber das ist ein Bild aus der industriellen Fertigung: Man plant etwas. Dann wird es produziert. Und am Schluss kommt die Kontrolle. Doch mit einer solchen mechanistischen Sichtweise lassen sich Lernprozesse nicht erfassen. Diese Linearität mit dem aggressiven Charme eines Fliessbandes wird der Komplexität menschlichen Lernens in keiner Weise gerecht.

Lernen ist eben gerade nicht ein Prozess, der zu einem bestimmten Zeitpunkt beginnt und zu einem anderen Zeitpunkt abgeschlossen ist. Und wenn es keine Reihenfolge gibt, gibt es keinen Anfang. Und kein Ende. Und keine Kontrolle. Und keine Vorbereitung. Das ist alles integraler Teil der Arbeit, des Lernens. Vorbereitung ist Lernen. Kontrolle ist Lernen. Denn ständig wird biografisches Wissen eingewoben, werden neue Ankerpunkte gesetzt oder bestehende aktiviert.

Wer ein Buch aus dem Regal nimmt, seine Unterlagen ordnet, Striche auf ein Blatt Papier zeichnet, verfolgt damit eine bewusste oder unbewusste Absicht. Er denkt sich etwas dabei. Oder besser gesagt: Sein Gehirn tut das. Das heisst: Es vollziehen sich gedankliche Weichenstellungen.

Und je nachdem gestaltet sich dann eben der weitere Verlauf des Prozesses so oder anders. Je nachdem setzt man sich mit diesem oder jenem auseinander; muss diesen oder jenen Weg (oder Umweg) nehmen; allfällige Hürden bewältigen (oder es sein lassen); kann zu diesen oder jenen Erkenntnissen gelangen; sie so oder anders darstellen; im Vergleich zur

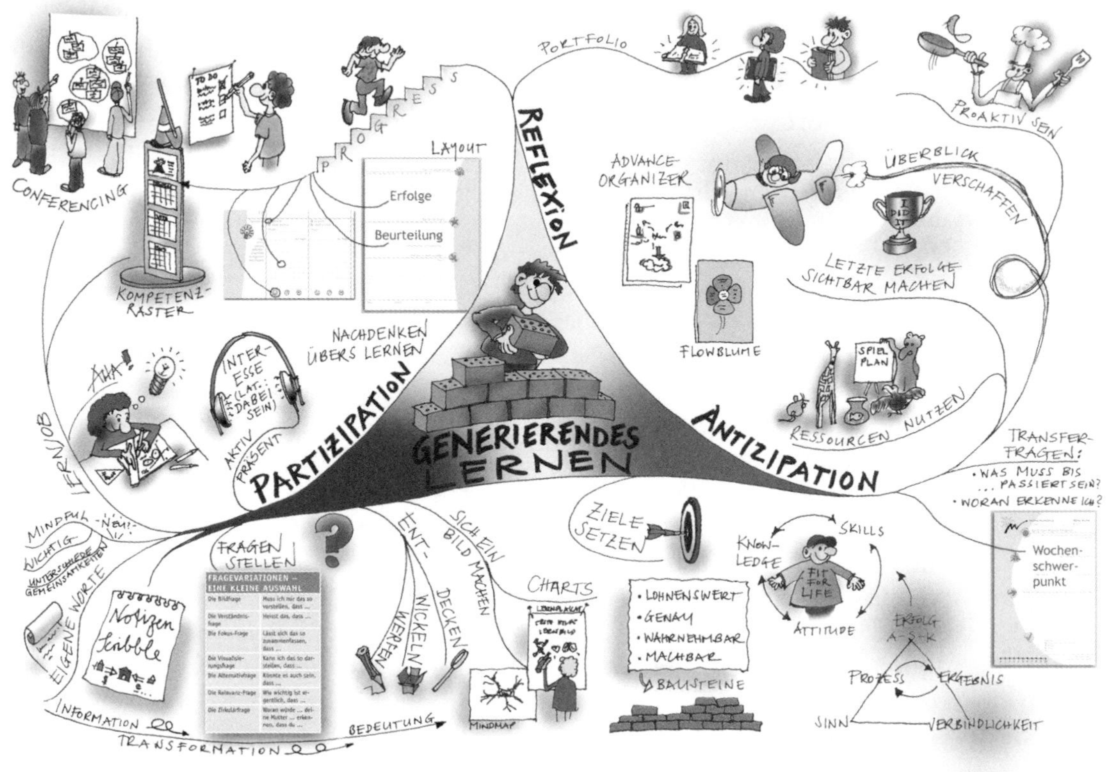

Absicht zufrieden sein oder nicht; ergänzen, weiterfahren, auf die Seite legen, auf den nächsten Tag verschieben oder den Sack zumachen.

Das heisst: Lernen lässt sich der (theoretischen) Einfachheit halber zwar durchaus in Phasen darstellen. Aber: Lernen selber hält sich nicht an solche Strukturierungsversuche. Nichts da von «schön der Reihe nach.» Leider. Oder zum Glück. Wie man's nimmt.

Nun, auch generierendes Lernen lässt sich in Phasen darstellen: *Antizipation* ist die erste, dann folgt *Partizipation* und den Schluss bildet die *Reflexion.* Aber eben: Diese Phasen verstehen sich explizit nicht als Reihenfolge. Sie sind dauernd integral miteinander verbunden und ineinander verwoben. Lernen ist eben keine linear-monokausale Angelegenheit. Das Gehirn wirbelt die Phasen nach eigenem Gusto wild und munter durcheinander.

Lernen ist Vorfreude auf sich selbst
(Peter Sloterdijk)

4.1 Antizipation: Proaktiv sein ist die halbe Arbeit

Antizipation ist jener Teil schulischer Arbeit, der in der Regel übersprungen wird. Es ist doch meistens so: Die Sache beginnt dann ihren Lauf zu nehmen, wenn der Lehrer kommt und sagt, was zu tun ist. Klassisches Schülerverhalten ist in den Grundzügen ein reaktives, ein adaptives Verhalten. Die leitende Fragestellung für Schüler heisst: Was will er oder sie vorne an der Wandtafel? So richten sich dann die Aktivitäten (und Passivitäten) danach zu reagieren, Belohnungen (zum Beispiel in Form von Noten) zu erhalten oder Strafen zu vermeiden. Eingedenk des Umstandes, dass von der Schule durchaus eine prägende Wirkung ausgeht, ist eine solche Verhaltenskonditionierung wahrlich nicht gerade das Gelbe vom Ei!

Generierendes Lernen setzt aus diesem Grunde einen ersten klaren Akzent im Bereich des proaktiven Denkens und Handelns. «Man muss den Tiger hören», sagen die Inder. «Wenn man ihn sieht, ist es zu spät.» Antizipation heisst deshalb: Vorausschauen, sich einstimmen, sich einen Überblick verschaffen.

Das Wörterbuch setzt «schülerhaft» mit «unselbstständig» gleich. Und so verhalten sich Menschen denn in der Regel auch, wenn sie einen Raum betreten, der auch nur im entferntesten einem Schulzimmer ähnelt: Sie warten auf Anweisungen. Antizipativ an ihrem Verhalten ist höchstens, dass sie den Stuhlnachbarn fragen, um was es jetzt dann gleich gehen werde. Oder dass sie vielleicht noch schnell die Aufgaben abschreiben, damit es keinen Zoff gibt. Oder – vor allem bei Erwachsenen zu beobachten – dass sie sich in die Nähe des Ausgangs hinsetzen, um in den Pausen zuerst beim Getränkebuffet zu sein und nicht hinten an der Schlange anstehen zu müssen.

Wenn Lernende sich antizipativ verhalten sollen, steht das in direkter Abhängigkeit zum Kontext. Die Flugzeugbestuhlung mit dem Blick nach vorne zum Aktivitätsschwerpunkt an der Wandtafel macht antizipatives Verhalten ebenso obsolet wie das, was sich Unterricht nennt, aber eher einer Beschallung von bewegungslosen Empfangsstationen gleicht.

An einer mittelgrossen Schule ist einmal eine Diskussion darüber entbrannt, wann die Schüler das Schulhaus sollten betreten dürfen. Einer der Lehrer stellte sich auf den Standpunkt, er sei immer mindestens eine halbe Stunde vor Unterrichtsbeginn im Schulzimmer. Ihm wäre es eigentlich sogar recht, wenn seine Schüler die Möglichkeit hätten, ihren allfälligen Bedürfnissen entsprechend auch früher zu kommen.

Dieser Lehrer scherte natürlich völlig aus dem Gleichschritt des übrigen Lehrkörpers (ein schönes Wort ...) aus. Dort drehte sich die Diskussion – selbstverständlich absolut fair, sachlich und sehr konstruktiv geführt – um die pädagogisch hochbrisante Frage, ob zehn Minuten vor Unterrichtsbeginn wohl besser seien als fünf Minuten. Der Hausmeister setzte mit seinem Machtwort dem Werweissen ein Ende: Er wolle die Schüler auf keinen Fall schon zehn Minuten vor dem Unterricht im Schulhaus haben. Ein verständnisvolles Nicken ging durch die Lehrerreihen.

Und so versammeln sich heute noch jeden Morgen und jeden Mittag die Kinder in Traubenform vor der Schulhaustüre und warten darauf, hereingelassen zu werden.

Das ist kein unbekanntes Bild. Und es hat Symbolgehalt. Denn Antizipation heisst: Räume öffnen. Auch gedanklich. Die Lernenden müssen rechtzeitig in die eigenen und fremden Gedankengebäude hineingeführt werden, damit sie sich situationsadäquat zurechtfinden können.

«Hineinführen» heisst nun aber gerade nicht, dass alle schön artig vor der Türe warten und dann dem Lehrer hinterher latschen wie

Touristen hinter dem Reiseführer, der hocherhobenen Schirms das Kommando gibt, wohin die Blicke sich zu richten hätten.

«Hineinführen» heisst vielmehr, Raum und Räume öffnen, Entdeckungsmöglichkeiten bieten und in Form einer subsidiären Führung Hilfe zur Selbsthilfe leisten. Lerncoaching ist der passende Ausdruck dafür. Dabei erweisen sich verschiedene Methoden und Werkzeuge[3] als besonders hilfreich – wenn sie mit einer entsprechenden Haltung eingesetzt werden.

Das Stichwort dazu: Ermöglichungsstrukturen. Die Lernenden müssen die Möglichkeit erhalten, zeitlich und inhaltlich eigene Dispositionen zu treffen. Das fordert sie heraus, eigene Überlegungen anzustellen, Ziele zu formulieren, proaktiv zu denken und zu handeln.

Antizipation ist nicht zu verwechseln mit dem administrativen Duktus von «Planung.» Antizipation heisst vielmehr, sich ein möglichst anschauliches Bild des Was und des Wie einer Aufgabe zu zeichnen. Je klarer und konkreter die Vorstellung dessen, was geschehen soll, desto höher die Wahrscheinlichkeit, dass es in Handlungen umgesetzt wird. Als «etwas wahrscheinlich machen» könnte Antizipation definiert werden.

Ressourcen im Visier

Man soll das Pferd nicht am Schwanz aufzäumen, sagt ein Sprichwort. Das mag überall gelten, nicht aber in der Schule. In der Schule nämlich beginnt aller Anfang am Schluss. Wer in schulischen Kontexten ein antizipatives Verhalten fördern will, muss hinten beginnen. Und zwar ganz hinten. Das ist dort, wo kurz vor dem Papierkorb noch die Noten und Prüfungsergebnisse kommen.

Denn allen empirischen Befunden zum Trotz und damit wider besseres Wissen: Noten und Prüfungen haben sich als multifunktionale Fixsterne am Schulhorizont etabliert. Die Stellen vor und hinter dem Komma dienen zur Disziplinierung kritischer Schüler, sind Belege in Rekursverfahren, entscheiden über Schulkarrieren, passen unter die Gauss'sche Normalverteilung. Kurz: Notendurchschnitte sind die universelle Heilsbotschaft für den Schulerfolg. Und: Notendurchschnitte entscheiden – als Dosiergerät für emotionale Zuwendungen – über Liebe und Hiebe.

Die Folge: Nicht «was muss ich tun, um mich gut in französischer Sprache unterhalten zu können?» ist des Schülers handlungsleitende Frage. Sie heisst, auf das Damoklesschwert an der Decke schielend: «Was muss ich tun, um die Bewertungskriterien zu erfüllen?»

3 In einem Pflug ist all das quasi eingebaut, was man über die Bearbeitung des Bodens weiss. Bei den Instrumenten, von denen hier die Rede ist, verhält es sich ähnlich. Sie basieren auf neuen oder wiederentdeckten wissenschaftlichen Grundlagen. Richtig eingesetzt verändern sie die Lernarrangements nachhaltig. Sie sind erhältlich als Toolbox: «Lernen – und wie!? ...» Für jedes einzelne Tool ist eine attraktiv aufgemachte Memocard gestaltet worden. Die Beschreibung enthält nicht nur präzise Angaben zur Anwendung der entsprechenden Methode, sie enthält auch wichtige Hintergrundinformationen.

Das entsprechende Strategierepertoire ist vielfältig. Es reicht vom Auswendiglernen zum Zwecke der Wiedergabe an Proben und Prüfungen bis hin zu allen Formen des Spickens und Mogelns. *(Müller 2001)*

Spätestens mit Blick auf die eigene Schulbiografie wird deutlich: Zensuren und Zeugnisse sind beileibe nicht über alle Zweifel erhaben. Gelinde gesagt! Etwas chargierter bringt es Karlheinz Ingenkamp zum Ausdruck: «So wurde in vielen Untersuchungen die mangelnde Objektivität, Reliabilität, Validität und Vergleichbarkeit der Zensuren immer wieder bestätigt und der pädagogisch unerwünschte Einfluss des Zensurensystems betont.» *(Ingenkamp 1989)* Rupert Vierlinger setzt noch einen drauf. Für ihn hat das «primitive Mess- und Beurteilungsinstrument namens Ziffernnoten» längst ausgedient. *(Vierlinger 1999)* Der Erkenntniswert von Zensuren und Zeugnissen ist bei weitem geringer einzustufen als ihr Heizwert.

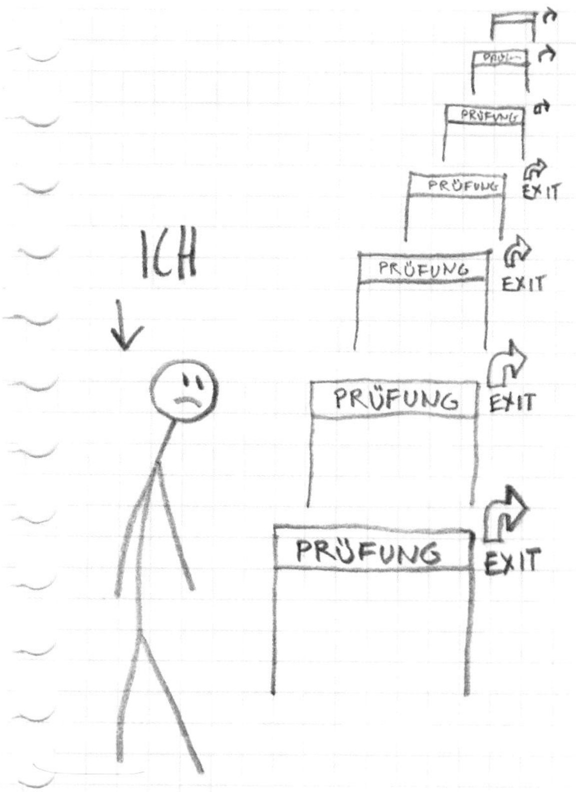

Und dennoch: Immer dann, wenn es nach Schule riecht, folgt auf dem Fusse die Frage nach Beurteilungen, nach Noten, nach Zeugnissen und Zensuren. Diese Verhaltensmuster spannen ihre Netze bis tief ins Erwachsenenalter hinein. Der Blick richtet sich auf den Abschluss. Das Ziel heisst: Prüfung bestehen. Nicht ums Lernen geht es, nicht um Inhalte, um neue Erkenntnisse und Erfahrungen. Prüfungsergebnisse sind Dreh- und Angelpunkt. Formale Berechtigung statt inhaltliche Bereicherung.

Ein ebenso anschauliches wie bedenkliches Beispiel lieferten die Piloten der ehemaligen Nobelairline Swissair. Jahrelang, so hat sich herausgestellt, haben die Helden der Lüfte sich mehr oder weniger systematisch durch die theoretischen Prüfungen gemogelt. Diese Prüfungsteile wurden als Alibiübung für die Behörden aufgefasst. Und so wurden die Lösungen schon vor den Tests herumgereicht. *(Voigt 2004)* Spicken statt Lernen. Pilotenlizenzen auf dem Schleichweg durch den Hintereingang.

Das wirft nicht nur ein bedenklich schiefes Licht auf die Ausbildungs-Ethik der damaligen Swissair. Es geht viel tiefer. Es weist auf die verhaltenssteuernden Mechanismen von Berechtigungssystemen dieser Art. Und wenn schon die angesehenen Piloten in ihren goldbetressten Uniformen den Beschiss als Kavaliersdelikt verharmlosen, wieso soll sich denn der Pennäler an Prüfungen in Ehrlichkeit üben. Die Devise heisst: Sich nicht erwischen lassen. Mogeln hat sich als Schulsport etabliert.

Hühnerstall umbauen

Ein ebenso einfaches wie wirkungsvolles Prinzip lautet: Wenn etwas nicht funktioniert, mach etwas ander(e)s. Aber was? Da hilft der Spruch, «Wer bessere Eier will, muss zuerst den Hühnerstall umbauen» auch nicht viel weiter. Oder doch? Klar! Der Fokus gilt nicht den Eiern, sondern dem Stall. Es ist eine Art Perspektivenwechsel.

Im heutigen System tut der Schüler etwas. Dann gibt er ab. Zum Beispiel die Prüfung. Auch die Verantwortung. Was tut der Lehrer? Korrigieren. Und was bleibt dem Schüler? Triumphieren? Nein, das ist einer handverlesenen Minderheit vorbehalten. Der Rest ist im besten Fall Unbehagen. In Form von reklamieren. Oder resignieren.

Die landläufig praktizierte schulische Leistungsbeurteilung fusst auf dem Prinzip der Vergleichbarkeit von Durchschnitten. Aber Lernen lässt sich ebenso wenig in Durchschnitten ausdrücken wie die Menschen selbst.

Die Sozialisierungshintergründe von Schülerinnen und Schülern weichen immer stärker voneinander ab. Homogenität ist und bleibt ein Lehrermythos. Aufgabe der Schule ist es vielmehr, die unterschiedlichen Begabungen und Fähigkeiten der Lernenden sichtbar zu machen und zu fördern. Es geht darum, kreativ und konstruktiv mit Unterschieden umzugehen, die Heterogenität quasi zu kultivieren. Und diesem Ziel muss die Leistungsbeurteilung dienen. Also ein Perspektivenwechsel: Weg von den Eiern, hin zum Hühnerstall. Weg von den Noten, hin zu Standards.

Alltagstaugliche Bildungsstandards beschreiben Kompetenzen. Das heisst: Sie beschreiben, was jemand kann. Doch das Vorhandensein solcher Standards in Ordnern, Schränken und Schubladen ändert noch keinen Deut. Mögen sie noch so wohlformuliert und attraktiv gestaltet sein. Sie müssen als Werkzeuge benutzt werden. Und zwar von jenen, denen sie letztlich dienen sollen: den Lernenden. Das heisst: Bildungsstandards sind als integrale Arbeits-, Selbstführungs- und Evaluationsinstrumente zu nutzen. Eine Form, die sich in vielen praktischen Anwendungsfeldern bewährt hat: *Kompetenzraster.*

Horizont-Didaktik

Kompetenzraster definieren Inhalte und Qualitätsmerkmale der verschiedenen Fachgebiete in Form präziser Can-do-Statements. Die Raster sind als Matrix aufgebaut. In der Vertikalen sind jene Kriterien aufgeführt, die ein Fachgebiet inhaltlich bestimmen (was?). In der Horizontalen werden zu jedem dieser Kriterien vier bis sechs Niveaustufen definiert (wie gut?). Die Formulierungen beginnen mit: «Ich kann …». Auf diese Weise erhalten die Standards einen Konkretisierungsgrad, mit dem die Lernenden auch wirklich etwas anfangen, unter dem sie sich etwas vorstellen können.

Kompetenzraster sind in Stufen aufgebaut – von einfachen Kenntnissen bis hin zu komplexen Anforderungsbeschreibungen. Das heisst: Sie offerieren Entwicklungsspielräume. Sie bieten den Lernenden die Möglichkeit, in den verschiedenen Kriterien Stufe um Stufe, Schritt um Schritt weiter zu kommen.

Die Kompetenzraster schaffen Orientierungsrahmen und stecken Erwartungshorizonte ab. Sie bilden Referenzwerte, zu denen die individuellen Leistungen in Beziehung gebracht werden. *(Müller 2002)* Lernende tun ja den ganzen Tag etwas: Sie schreiben, führen Gespräche, zeichnen, lösen Aufgaben. Kurz: Sie setzen sich auf vielfältige Weise mit Themen auseinander. Die Aktivitäten finden ihren Niederschlag – ihre Referenz – in den entsprechenden Feldern der Kompetenzraster. Die Lernenden selber schlagen der Lehrperson vor, welchen Anforderungen ihre Arbeit entspricht und wo sie demzufolge einzuordnen sei. Auf diese Weise setzen sie sich immer wieder mit

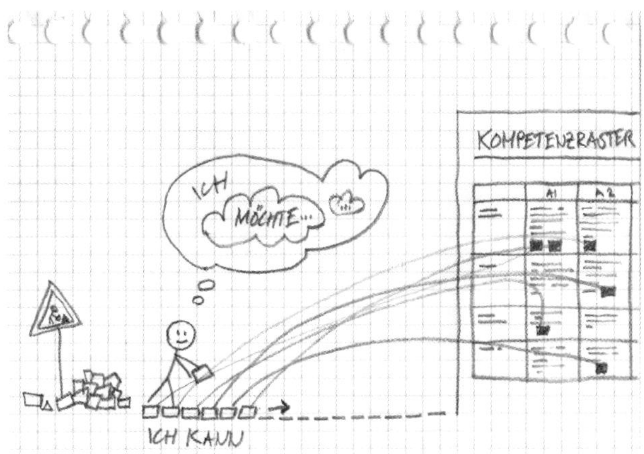

den Standards auseinander. Sie geben nicht einfach eine Arbeit (und damit die Verantwortung) ab. Sie überlegen, welche Qualitätsbeschreibungen auf ihre Leistung zutrifft. Und sie sehen, was sie können und wissen müssten, um die nächste Stufe zu erreichen.

Farbige Klebepunkte machen deutlich, welchen Kriterien und Qualitätsmerkmalen eine Leistung entspricht. Oder anders gesagt: Jeder Schritt ist ein sichtbarer Fort-Schritt. Durch diese Punkte entsteht mit der Zeit ein individuelles und differenziertes Kompetenzprofil. Dieses Kompetenzprofil kann in Bezug gebracht und verglichen werden mit Anforderungsprofilen weiterführender Ausbildungen oder beruflicher Tätigkeiten. Damit wird allfälliger Handlungsbedarf auf einen Blick erkennbar und es lassen sich Akzente setzen und Programme gestalten, die der individuellen Situation und den Bedürfnissen der Lernenden in differenzierter Weise Rechnung tragen. Dieser Prozess von Checks and Balances stärkt die Selbstreflexionsfähigkeit der Schülerinnen und Schüler als Basis generierenden Lernens. Die Aktivitätsschwerpunkte werden hin zu den Lernenden verlagert. Sie übernehmen eine Mitverantwortung für ihre Leistung und deren Qualität. Oder anders gesagt: Kompetenzraster sind der Hühnerstall, der bessere Eier möglich macht.

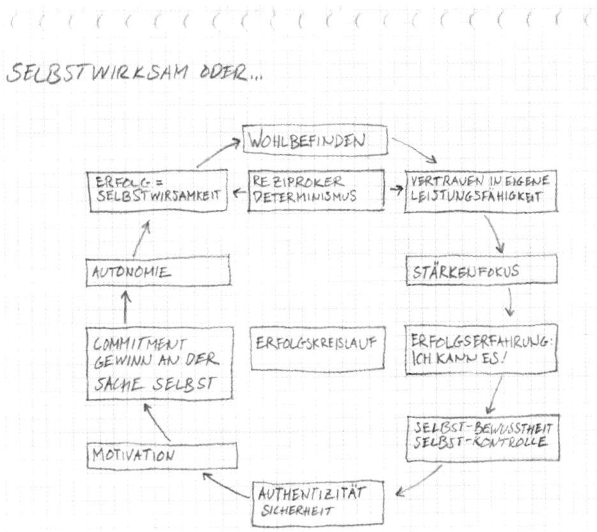

Ausgangspunkt jeder Tätigkeit ist immer das, was jemand kann. Der archimedische Punkt des Lernprozesses heisst deshalb: Ich kann...! Ausgangspunkt kann nie das sein, was jemand nicht kann. Nicht Defizite, Probleme und Reparaturbedürfnisse! Nein: Zuerst und vor allem Stärken, Fähigkeiten, Interessen! Ein solches persönliches Ressourcenprofil bildet die Grundlage schulischer Arbeit und beeinflusst auf diese Weise die ganze Interaktion. Nicht die Frage nach Defiziten und Lecks leitet mithin das Handeln, sondern die Fragen nach dem «Was-kann-ich-schon» und dem «Wie-kann-ich-es-noch-besser?» Damit erhöht sich die Wahrscheinlichkeit, Erfolgserlebnisse zu generieren. Und die wiederum, die Erfolgserfolgserfahrungen, das «Ich-kann-es», ist die nachhaltigste Möglichkeit, steuernd in den Selbstwirksamkeitskreislauf einzugreifen.

Zielführende Verbindlichkeiten

Antizipieren bedeutet so viel wie «etwas gedanklich vorwegnehmen.» Also nicht: «Er stürzte sich aufs Pferd und ritt wie wild in alle Richtungen davon.» Wer so handelt, handelt nicht antizipativ. Und damit das nicht passiert, damit die Beteiligten nicht im Nebel herumstochern, ist es erforderlich, zielführende Verbindlichkeiten zu formulieren.

Damit ist klar: Wer fähig und willens ist, *Ziele* zu *setzen*, erhöht die Wahrscheinlichkeit, dass etwas Gescheites aus seinen Aktivitäten wird.

Angenommen, jemand nimmt sich vor, eine Stunde joggen zu gehen. So prima vista ist das ein kluger Entscheid. Es sagt aber noch gar nichts darüber aus, wie dieser sportwillige Erdenbürger mit dieser Stunde umgeht. Er kann gemütlich über Stock und Stein schlendern und gelegentlich, wenn er sich beobachtet fühlt, so tun, als würde er nicht nur seinen Trainingsanzug auslüften. Er kann natürlich auch mit hochrotem Kopf und hervorquellenden Augen durch die Gegend irren, keuchend wie die Rigibahn. Und dann gibt es dazwischen noch ein paar Abstufungen. Wie auch immer: Die Stunde Joggen kann durchaus der Gesundheit zuträglich sein. Aber auch das absolute Gegenteil ist möglich. Das bedeutet: Der Faktor Zeit ist kein Qualitätsmerkmal.

Im schulischen Kontext gehört die Bindung an die Zeit aber zu den üblichen Gepflogenheiten. Vieles bemisst sich an zeitlichen Aspekten: Die Anzahl Lektionen Chemie, ohne die ein Leben in Anstand und Würde nicht möglich ist; die dritte Turnstunde, die unter keinen Umständen dem Rotstift geopfert werden darf; die ausgeklügelten Pensenberechnungen; die Entlastungsstunden für dies und die Vertretungsstunden für jenes. Das Mass der Dinge heisst: Zeit. Fast scheint es, als ginge es einfach darum, an bestimmten Orten (beispielsweise in Schulzimmern) eine bestimmte Zeit über die Runde zu bringen. Die Schulhausglocke ist akustisches Zeichen für dieses Primat der Zeit. Management Time sozusagen.

Dem steht das Management by Objectifs gegenüber (oder mindestens zur Seite), das Denken und Handeln in Zielen. Ein klar umrissenes und plausibles Ziel ist ein Orientierungspunkt. Denn Ziele beschreiben nicht ein Programm, nicht das, was getan werden, sondern ein anvisiertes Ergebnis, also das, was letztlich herausschauen soll.

Nicht ganz unbedeutend ist dabei freilich die Frage, wer die Ziele vorgibt. Sind es fremdgesetzte Ziele, die in Tat und Wahrheit eher Strafandrohungen sind und bei denen es in erster Linie darum geht, sie zu erfüllen? Oder sind es eigenständig formulierte Ziele? Geht es quasi um ein Contracting mit sich selber? Generierendes Lernen geht vorab von eigenen Zielen aus. Und sollen sie erfolgswirksam sein, heisst das: gedankliche Energie investieren. Denn je präziser die Formulierungen sind – und damit die gedankliche Auseinandersetzung – desto zielführender ihre Wirkung. Doch eben: Ziele setzen ist das eine, sie einhalten das andere.

«Eingebettet in eine Gesellschaft, in der die familiären Strukturen mit rasanter Geschwindigkeit auseinander fallen, erlebt die jüngere Generation eine zunehmende Auflösung verbindlicher Beziehungen.» Ralph J. Wilms nennt es das Gummibärchensyndrom und folgert: «Mit abnehmender Verbindlichkeit nimmt jedoch die Qualität zuverlässiger Sozialisationsprozesse für die Entwicklung einer reifen Persönlichkeitsstruktur ab.» Und er merkt an: «Menschen, die in ihrem Aufwachsen mit allem, was die Konsumgesellschaft zu bieten hat, von den Eltern verwöhnt wurden (Gummibärchen), haben unter Umständen Mühe, sich durch Probleme oder Widerstände hindurchzuarbeiten. Sie reagieren frustriert, wenn etwas zu sehr nach Anstrengung ausschaut, geben schnell auf oder erwarten, dass andere ihren Job erledigen.» *(Wilms 2004)*

Eine zentrale Rolle spielt in dieser Frage der Faktor P. «P» steht für Purpose. Und gemeint ist der Zweck. Die Menschen müssen einen direkten Zweck mit dem verbinden können, was sie tun sollen oder wollen. Und die Bereitschaft, sich einer Aufgabe zuzuwenden wird umso grösser sein, je offensichtlicher Zweck und Nutzen zu Tage treten. Nur: Das tun sie nicht von sich aus. Sinn, Zweck und Nutzen fallen auch nicht mit dem nächsten Schnee vom Himmel. Da braucht es das Zutun des Lernenden. Denn schliesslich ist das ein handlungsleitender Aspekt antizipativen Verhaltens. Menschen – gerade im schulischen Kontext – entpuppen sich häufig als wahre

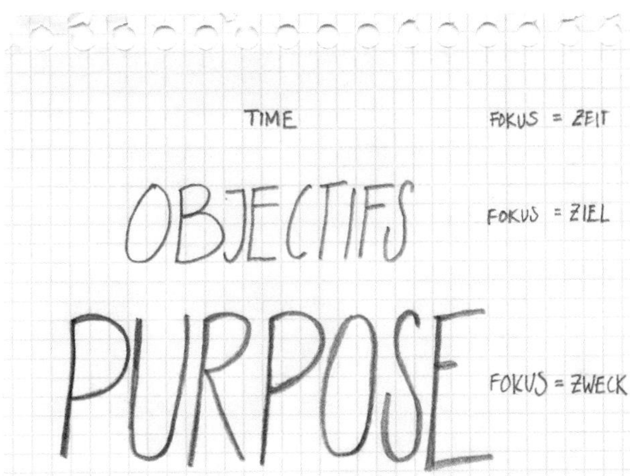

Kreativitäts-Weltmeister, wenn es darum geht zu begründen, weshalb etwas nicht geht. Mit nur halb so viel Phantasie liessen sich mindestens ebenso viele Möglichkeiten finden, die gleichen Dinge zweckdienlich zu gestalten, ihnen Sinn abzugewinnen. Dabei geht es nicht nur und nicht in erster Linie um *hard facts* sondern um *heart facts*. Denn schliesslich gehen ja Nutzen und Geniessen auf die gleichen etymologischen Wurzeln zurück.

Sich orientieren können

Wer in schulischem Sinne gut ausgebildet ist, kann sich zwar die entsprechenden Ausweise an die Wand hängen. Das heisst aber noch keineswegs, dass er auch anschlussfähig ist. Denn eben: Anschlussfähigkeit hat nur sehr bedingt und formal mit schulischen Berechtigungskategorien zu tun. Wie heisst es doch: Leute werden wegen ihrer Zeugnisse angestellt und wegen ihrer Persönlichkeit gefeuert. Mit Blick auf das Gummibärchen-Syndrom würde das bedeuten: Ziele als Vertrag mit sich selber betrachten, sich nicht zu schnell mit sich und den Leistungen zufrieden geben, mehrere Lösungen suchen. Und lernen, mit Herausforderungen konstruktiv umzugehen, in einer Welt, in der die Herausforderungen sich permanent verändern.

Das Stichwort heisst: Orientierungskompetenz. Und gemeint ist die Fähigkeit, bei der Routenwahl auf dem unübersichtlichen Wegnetz des Lernens die individuell hilfreichen Entscheide zu treffen. Die schnellen Strecken zu wählen, dort wo das möglich und sinnvoll ist, auszuweichen auf Umwege und Nebenstrecken, wenn es zweckdienlich erscheint.

Das Navigationssystem im Auto orientiert sich an zwei Punkten: Am Standort und am Ziel. Übertragen auf schulisches Lernen heisst das: Lernende müssen wissen, wo sie stehen. Und sie müssen wissen, wohin die Reise gehen soll. Und: Sie müssen vorausschauend denken und handeln, damit sie nicht im Stau enden oder ihnen der Most ausgeht. Wer lernt und damit – etymologisch gesehen – einer Spur folgt, begibt sich auf die Reise. Je nach Konstellation des Gefährts und Beschwerlichkeit der Route müssen die Etappen gestaltet werden. Wer nur über einen kleinen Tank verfügt, muss eben entsprechend häufiger Treibstoff auffüllen. Und wer mit schwachem Motor bergauf fährt, muss die Reise dosieren, damit er nicht überhitzt am Wegrand stehen bleibt. Das heisst: Wer seine (Lern-)Reise erfolgswahrscheinlich gestalten will, tut gut daran, sich antizipativ zu verhalten. Er fährt nicht einfach drauflos, sondern macht sich über das Ziel ebenso Gedanken wie über die möglichen Streckenführungen.

Zur inhaltlichen Orientierung innerhalb von Themenbereichen trägt der *Advance Organizer* bei. Er fördert die gedankliche Partizipation und führt zu besserem Verstehen. *(Frey 1993)* Wörtlich: Vorausorganisator. Elemente des Advance Organizers sind Bilder, Grafiken, Begriffe, kurze Texte, die als gedankliche Ankerpunkte dienen. Damit wird die Verknüpfung neuer Gedanken mit dem schon vorhandenen Wissen erleichtert und die Lernenden werden angeregt zu aktiver und verstehender Verarbeitung.

Flow-Blume nennt sich eine Form des Beginnens, die dazu führt, dass alle Beteiligten sofort in den Prozess involviert werden. *(Gerber/Gruner 1999)* Das setzt nicht nur ein Signal dafür, dass die Initiative aller erwünscht ist, es entwickelt sich auch eine aktive Partizipation bei der Gestaltung der Settings. Es geht darum, erwünschten Output, relevanten Input, Sinn und Zweck des Outputs, zur Verfügung stehende Ressourcen und Prozessvariablen gemeinsam zu definieren.

Natürlich: Je klarer die Vorstellung dessen ist, was passieren soll, desto höher die Wahrscheinlichkeit, dass es sich auch tatsächlich zutragen wird. Mit anderen Worten: Die Wahrscheinlichkeit, dass jemand nach Amerika fliegt ist höher, wenn er bereits das Ticket nach Chicago bereithält, Geld gewechselt, die

Taschen gepackt und die Einreiseformalitäten geklärt hat, als wenn er nur daran denkt, einmal nach Amerika zu gehen.

Handlungsleitende Bilder

Eine Möglichkeit zur Schaffung von Klarheit und zur Gestaltung innerer, handlungsleitender Bilder ergibt sich aus zielführenden Fragestellungen. Denn Fragen sind das Vorzimmer zur Erkenntnis. Lernen heisst deshalb: Fragen stellen. Das lässt sich systematisieren. *Questioning* wird die strategische Form des Fragens genannt. Selbst gestellte Fragen dienen dazu, die Prozesse zielführend zu steuern. Sie führen im Vergleich zu anderen Lernstrategien zu signifikant besseren Behaltensleistungen und steigern damit erkennbar die Effizienz. *(Langer 2001)* Eigentlich plausibel: Wer sich einer Frage entlang bewegt, läuft weniger Gefahr, im Labyrinth der Beliebigkeit umher zu irren.

Questioning als bewusst eingesetzte Lernstrategie folgt bestimmten Gesetzmässigkeiten. Ein wichtiges Kriterium: aufschreiben! Denn Schriftlichkeit verbindet sich mit Verbindlichkeit. Dabei gibt es grundsätzliche keine «falschen» Fragen. Aber es gibt solche, die wirkungsvoller sind als andere.

Vergleichsfragen suchen nach Unterschieden und Gemeinsamkeiten. Mit solchen Fragen wird ein qualitativ anderes Denken ausgelöst als mit der blossen Abfrage nach diesem oder jenem. Differenzen und Gemeinsamkeiten zeigen, dass ein Thema kontextuell eingebettet ist. Unterscheidungen vornehmen und Gemeinsamkeiten suchen heisst divergentes Denken initiieren. *Optionsfragen* beginnen meist mit: welche? Solche Fragen verlangen nach mehrgliedrigen Antworten. Sie begnügen sich nicht mit stereotypen Richtig-Falsch-Schemata, sondern zielen darauf ab, Optionen zu entwickeln, mehrere Möglichkeiten in Betracht zu ziehen. Heinz von Foerster gibt die Richtung an: «Handle stets so, dass sich die Zahl der Handlungsmöglichkeiten erhöht. *(von-Foerster 1998)*

Als speziell lösungs- und entwicklungsorientierte Form verstehen sich *Transferfragen.* Beispiel: «Was muss bis ... passiert sein, damit ich sagen kann: Es hat sich gelohnt?» Gelohnt hat sich's beispielsweise dann, wenn ich endlich weiss, wie man Brüche kürzt. Aha!? Und woran wird das zu erkennen sein? So, und nun ist Schluss mit organisierter schulischer Unverbindlichkeit. Denn erkennen ist erkennen. Basta! Wenn nämlich klar ist, dass «erkennen» heisst, es dem Gusti mittels eines Lernplakates erklären zu können, dann ist der halbe Mist geführt. Denn: Niemand kann sich etwas vorstellen, das er sich nicht vorstellen kann. Logisch. Und wer sich etwas vorstellen kann (zum Beispiel das Bruchrechnen dem Gusti mittels Lernplakat zu erklären), kann sich auch vorstellen, es zu tun. Und hat, ohne es zu merken, die ersten Schritte bereits unternommen.

Transferfragen fordern antizipatives Denken und Handeln heraus. Sie fragen aber nicht einfach nach dem Wünschbaren, nach dem, was sich zutragen soll, sie führen es auf die Ebene des Machbaren, das was möglich ist. Für diese Person. Zu diesem Zeitpunkt. In diesem Bereich. Und das erhöht die Wahrscheinlichkeit, dass es gut kommt. Denn eben: Wer seinen Absichten einen hohen Konkretisierungsgrad verleiht, zeichnet so starke innere Bilder, dass der Transfer vom Kopf in die Hand, vom Wollen zum Tun, eigentlich schon begonnen hat.

Mit dem Layout[4] ist ein Instrument entwickelt worden, das konsequent dieser Logik des Gelingens folgt und entsprechende Fragen stellt.

Die entsprechenden Antworten und Erkenntnisse lassen sich auch zugänglich ma-

---

4 Beim Layout handelt es sich um ein ausgeklügeltes, aber dennoch einfaches Planungs-, Selbstführungs- und Evaluationsinstrument. *(Müller 2001/2002)* Es fordert die Lernenden auf, sich proaktiv mit ihrer Arbeit auseinander zu setzen, Wichtiges von weniger Wichtigem zu unterscheiden, sich zu den Ressourcen Gedanken zu machen, präzise Verbindlichkeiten einzugehen und Erfolge zu formulieren. Kurz: Das Layout kombiniert das Was mit dem Wie.

chen, quasi als Inspirationsquelle für die anderen: beispielsweise auf Post-it-Zettel geschrieben und an einer Wand aufgeklebt. Sie lassen sich auf diese Weise auch gruppieren. Damit werden auch Themen und Interessen transparent gemacht – und damit mögliche Lernpartnerschaften initiiert.

Lernen als Vorfreude auf sich selbst basiert auf einer Abkehr von adaptivem Schülerverhalten. Die Lernenden orientieren sich nicht mehr an der Frage: Was will er (der Lehrer) wohl? Sie emanzipieren sich. Und sie werden auf diesem Weg in die Unabhängigkeit unterstützt. Unabhängigkeit heisst immer auch Unsicherheit. Inhaltliche Unsicherheit wirkt hemmend auf viele Lernende. Viele fühlen sich verloren, wenn niemand sagt, welche Seite als nächste aufzuschlagen sei. Kein Wunder vor dem Hintergrund einer schulischen Sozialisierung, in der die Lehrer für eine häppchenweise Verabreichung von «Stoff» verantwortlich sind.

Transferfragen zielen deshalb darauf ab, ein gewisses Mass an Sicherheit entstehen zu lassen. Denn wer sich klar geworden ist, dass er das Kürzen von Brüchen mittels eines Lernplakates erklären will, hat den Bauplatz abgesteckt. Die Antworten auf Transferfragen führen dazu, dass die Gedankengebäude Konturen erhalten und konkrete Formen annehmen. Für die Arbeit an diesen Gebäuden braucht es *Bausteine*. Diese Bausteine verstehen sich als mittelfristige Vorhaben. Und sie sind ein Symbol dafür, dass etwas Handfestes konstruiert und gebaut wird. Die Gedankengebäude sollen auf ein solides Fundament gestellt werden. Stein um Stein.

Entsprechend dienen die Bausteine den Lernenden dazu, inhaltliche Akzente zu setzen. Sie werden beschriftet: Welches sind die Inhalte des Vorhabens? Welche Rahmenbedingungen (z.B. zeitlicher Art) sind zu berücksichtigen? Welche Vorgehensweisen sind erfolgsversprechend? Die Bausteine können am Arbeitsplatz aufgebaut werden. Sie machen deutlich, was sich jetzt und in nächster Zeit «under construction» befindet. Sie bilden quasi die inhaltlichen Eckpfeiler und vermitteln damit ein gewisses Mass an Orientierungssicherheit. Oder anders gesagt: Sie verhindern, dass offene Lernarrangements zu einem strukturlosen Sammelsurium von Einzelarbeiten verkommen.

Die Bausteine sind eine Orientierungshilfe. Aber: Damit die Lernenden sich erfolgreich erleben können, müssen sie etwas tun. Das kann irgend etwas sein, mit dem Risiko, in Frust oder Beliebigkeit zu landen. Das kann aber auch ergebnis- und lösungsorientiert an die Hand genommen werden. Dazu braucht es Verbindlichkeiten. Es braucht klare Vorstellungen. Es braucht Dispositionen personeller, materieller und zeitlicher Art. Kurz: Es braucht Guidelines, entlang denen sich die Arbeit bewegen soll. Auch hier leistet das *Layout* wertvolle Dienste. Die individuellen Vorhaben werden in einer Art und Weise formuliert, die einen hohen Grad an (gedanklicher) Vorarbeit impliziert. Damit erhöht sich die Wahrscheinlichkeit, dass der Schritt von der Absicht zur Realisierung auch tatsächlich unternommen wird.

Denn eben: Antizipation heisst: Vorausschauen, sich einen Überblick verschaffen, proaktiv denken und handeln. Je klarer und konkreter die Vorstellung dessen, was geschehen soll, desto höher die Wahrscheinlichkeit, dass es in Angriff genommen wird.

If he is not part of the solution,
he most probably is part
of the problem.

4.2 Partizipation: Innere Präsenz macht Lust auf mehr

«Part» ist enthalten in Wörtern wie Partner, Partnerschaft. Es geht darum, Teil zu haben, aktiver und mitgestaltender Teil dessen zu sein, was passiert. Es geht darum, Erwartungen auf den Tisch zu legen. Und es geht darum, einander ernst zu nehmen und diese Verbindlichkeiten auch einzufordern. Contracting ist ein Ausdruck dafür.

Zu diesem Zwecke gilt es, Transparenz zu schaffen, sich zu verständigen, Rollen zu klären. Kurz: Es gilt, die Beteiligten auch tatsächlich als Beteiligte wahrzunehmen, als Menschen, die etwas aus sich und ihrem Leben machen wollen, damit das entsteht, was modern «Sense of Ownership» genannt wird. Oder um es mit einem anderen neuhochdeutschen Begriff zu bezeichnen: Commitment. Diese Form von Selbstverpflichtung entsteht dann, wenn eine Sache der Sache wegen getan wird, wenn der Gewinn von Lust und Spass sich aus dem Tun selbst schöpft, wenn sich Engagement entwickelt aus der Freude an der Sache, nicht, weil man muss, sondern weil man sich so entschieden hat. Und natürlich heisst Part auch: Kein Lernen ohne Beziehung. Die Beziehung zu sich, zu anderen, zu den Dingen, um die es geht, sind die Basis für den Lern- und Lebenserfolg.

Diesen Bedürfnissen kann und muss sowohl auf inhaltlicher wie auf organisatorischer Ebene Rechnung getragen werden.

Die Kunst besteht darin, Arrangements so zu gestalten, dass die Schülerinnen und Schüler sich in ihrem Lernen erfolgreich fühlen. Der Erfolg beim Lernen hat mit Abstand die stärkste Wirkung auf die Schulleistung *(Frey 1993)*. Das heisst: Die Lernerlebnisse determinieren die Leistungsergebnisse. Und das wiederum steht in direkter Abhängigkeit zum Grad der entdeckenden Auseinandersetzung mit der Welt. Und zur Welt der Schule gehören eben auch ganz profane Dinge wie Schreiben, Lesen und Rechnen. Und das wiederum heisst: Auch in «Pflichtfächern» ist erfolgreiches Lernen an Erlebnisse gebunden.

Was kann in diesem Kontext die Aufgabe von Lehrpersonen sein? Vielleicht zuerst: Was ist sie sicher nicht? Aufgabe ist es nicht, Showeinlagen und andere Kapriolen zu vollführen. Die Schüler wären dann vielleicht ganz passabel unterhalten worden. Aber das ist nicht der Boden, auf dem Erfolge wachsen. Erfolg ist das Ergebnis vieler kleiner Siege über sich selbst. Gewinnen beginnt mit Beginnen. Und das bedeutet: Settings so gestalten, dass die Arbeit erstens individuell verbindlich, zweitens persönlich relevant, damit sie drittens hochgradig erfolgswahrscheinlich ist.

Bedingung und Resultat zugleich ist die Erkenntnis (oder noch besser: Erfahrung), dass Lernen nicht etwas ist, das es zu überwinden gilt. Ergebnis und Prozess stehen in wechselwirksamem Zusammenhang. Die Freude an der Arbeit ist Massstab für das, was dabei herauskommt. Das manifestiert sich unter anderem in der aktiven Präsenz. Dabei ist ein Aspekt von herausragender Bedeutung: Innere Präsenz ist nicht Bedingung, sondern Resultat von Lernaktivitäten. Innere Präsenz kann man nicht haben (und man kann auch nicht auf sie warten), sie entwickelt sich im Tun. Durch die Persistenz (time on task) wird der Grad der Lernleistung bestimmt.

Dieses Dabeisein (lat. = inter esse) entsteht bei Tätigkeiten, deren Bezeichnung mit der Vorsilbe «ent-» beginnt: entwerfen, entwickeln, entdecken.

Bevor ein Architekt die genauen Linien zieht, hat er mit etlichen Entwürfen seine Ideen vorangebracht. Er hat gekritzelt, gezeichnet. Er hat Möglichkeiten entwickelt und wieder verworfen. Er hat dem Gebäude eine Gestalt gegeben. Und genau so lassen sich auch Denkgebäude entwickeln. Mit Entwürfen. Auch kleine Kinder arbeiten so. Sie beginnen mit ein paar mutigen oder zaghaften Strichen – und weg mit dem Papier. Das nächste. Besser gesagt: der nächste. Entwurf nämlich. Ganz natürlich bringen sie die Entwicklung ihrer Gedanken mit immer neuen Entwürfen weiter.

Prototyping orientiert sich deshalb an dem, was kleine Kinder tun: Sie beginnen mit ein paar Strichen, nehmen ein neues Blatt, ergänzen, greifen wieder auf eine frühere Version zurück. Sobald sie auch nur einzelne Buchstaben schreiben können, ergänzen sie ihre Werke schriftlich. Und sie wenden sich an einen anderen Menschen, um ihre Arbeit zu präsentieren. «Das ist ein ...» Was sie tun ist eigentlich nichts anderes, als ihre Gedanken mittels verschiedener Versuche zu entdecken und zu verstehen. «Sie bilden vorläufige Konzepte, die sie entwickeln, verwerfen, und von einer anderen Seite neu angehen. In der Fachsprache heisst dies: Sie bilden ein ‹Metakonzept›.» *(Gerber/Gruner 1999)* Prototyping bedeutet also: Eigene Gedanken ergebnis- und transferorientiert zu entwerfen, anzureichern, zu entwickeln und auf den Punkt zu bringen.

Doch Schule funktioniert meist so, als hätten alle bereits das fertige Produkt im Kopf. Absolut statisch. Es geht nur noch darum, es zu Papier oder auf den Bildschirm zu bringen. Nur eben: Ausserhalb der Schule wäre ein anderes Verhalten gefordert, damit der Mensch nicht einfach wie ein Hampelmann darauf wartet, dass andere an der Schnur ziehen. Das Entwerfen – vom kleinen konkreten Vorhaben bis zu den Lebensentwürfen – hilft verhindern, dass das Leben einfach vorbei zieht. Deshalb: Design your work. Die Kunst des Lernens beginnt mit Entwürfen. Der Künstler, der entdeckend mit seinem Skizzenheft durch die Welt geht, mag als Vergleich herhalten.

Lernen zielt ja eigentlich darauf ab zu verstehen. Verstehen heisst: ein Bild entstehen zu lassen. Etymologisch gesehen hat das Wort «entwerfen» genau hier seinen Ursprung. Als Fachwort aus der Bildweberei heisst es: ein Bild gestalten. Durch die Verbindung mit dem französischen «projeter» wurde die Prozesshaftigkeit des Entwerfens bedeutungsmässig hervorgehoben.

Sprachgeschichtlich lassen sich auch andere Zusammenhänge erkennen. Die Vorsilbe «ent-» bezeichnet» Trennendes. Wenn man sich nun bewusst macht, dass Lernen im Sinne des sich Auseinandersetzens just mit dieser Trennung zu tun hat, erhalten Wörter wie entdecken, entflammen, entwickeln und – eben – entwerfen für schulisches Lernen eine zusätzliche Bedeutung.

Auf dem richtigen Weg

Das Wissen, auf dem richtigen Weg zu sein, gibt Sicherheit. Und Sicherheit ist ein gutes Gefühl. Das entsprechende Prinzip heisst: Checks and Balances. Gemeint ist die Möglichkeit, das, was getan wird, mit relevanten Anforderungskriterien in Beziehung zu bringen. Wie das geschieht und wie oft es geschieht, ergibt sich aus der Bedürfnislage jedes Einzelnen. Manchmal sind nur kleine Bestätigungen nötig, zu vergleichen mit dem kurzen kontrollierenden Blick auf die Wanderkarte: alles ok! Weiter auf diesem Weg!

Each one teach one ist eine Möglichkeit, Sicherheit zu finden. Schüler – Lernpartner eben – lernen, sich selbst zu begleiten, indem sie andere Schüler zu Rate ziehen. Denn: Der erste (und wichtigste) Pädagoge sind die anderen Lernenden. *Lernpartnerschaften* aller Art, die Möglichkeit, sich mit anderen auszutauschen, das Pingpong mit Gedanken ist die Basis einer inspirierenden Lernkultur. Und es trägt gleichzeitig zur Förderung sozialer und kommunikativer Kompetenzen bei. Zusammenarbeit besteht aus zwei Wörtern: «Zusammen» und «Arbeit.» Das impliziert die Bereitschaft und die Fähigkeit, die gemeinsame Zeit nutzenstiftend zu verbringen.

Dieses *Community Learning* verlangt nach einer Kultur. Beziehungsweise: Es lässt eine entstehen. Es verlangt nach arbeitsmethodischer Unterstützung. Und es verlangt nach Regeln. Die wichtigste Regel heisst: Respekt!

Das beginnt beispielsweise mit einer strikten Flüsterkultur. Alle Unterhaltungen erfolgen flüsternd. Was lauter sein muss, passiert in Nebenräumen oder draussen. Die Flüsterkultur führt zu einem anregenden und angenehmen Arbeitsklima. Man spürt, es geht etwas, es bewegt sich etwas. Der Raum ist – sinnlich wahrnehmbar – gefüllt mit Gedanken. Die eigenen Gedanken können sich verbinden, sind Teil der Atmosphäre.

Manchmal zeigt es sich, dass bestimmte Dinge der Klärung bedürfen. Es kann durchaus die Situation eintreten, dass verschiedene Schülerinnen und Schüler ähnliche Fragen mit sich herumtragen. Eine Möglichkeit des «Checks» bietet die Expertenmeinung – beispielsweise in Form von *Speedinputs.* Dabei handelt es sich um kurze und prägnante Informationen, seien sie inhaltlicher oder methodischer Art. Speedinputs dauern zwischen drei und sieben Minuten und beschränken sich auf höchstens drei Kernaussagen. Wichtig: Die Arbeit mit visuellen Mitteln. Die entsprechenden Charts bleiben als sichtbarer Teil des Inputs präsent, zum Beispiel an der Moderationswand. Speedinputs verstehen sich als eine Art inhaltliche Ankerpunkte. Die Lernpartner kommen ganz bewusst zusammen (zum Beispiel in einem Halbkreis) und gehen anschliessend an ihre Arbeitsplätze zurück. Das verstärkt die konzentrative Wirkung.

Individuelle Verbindlichkeiten eingehen ist das eine, sie überprüfen und allenfalls Korrekturen anbringen das andere. Das heisst: Zu persönlichen Lernwegen gehören *Checkpoints.* Beispielsweise in Form von kurzen, strukturierten Leistungsvorlagen. Es geht darum, anderen (zum Beispiel dem Coach) und damit sich selber Rechenschaft zu geben, eine Art Zwischenbilanz zu erstellen. Was ist mein Vorhaben? Wie bin ich vorgegangen? Wo stehe ich? Welche Erkenntnisse gewinne ich daraus? Was sind die nächsten Schritte? Das kann geschehen in Form einer Zusammenkunft: Alle stellen den anderen ihre Situation dar. Das kann gruppenweise geschehen. Oder es lässt sich den individuellen Bedürfnissen anpassen.

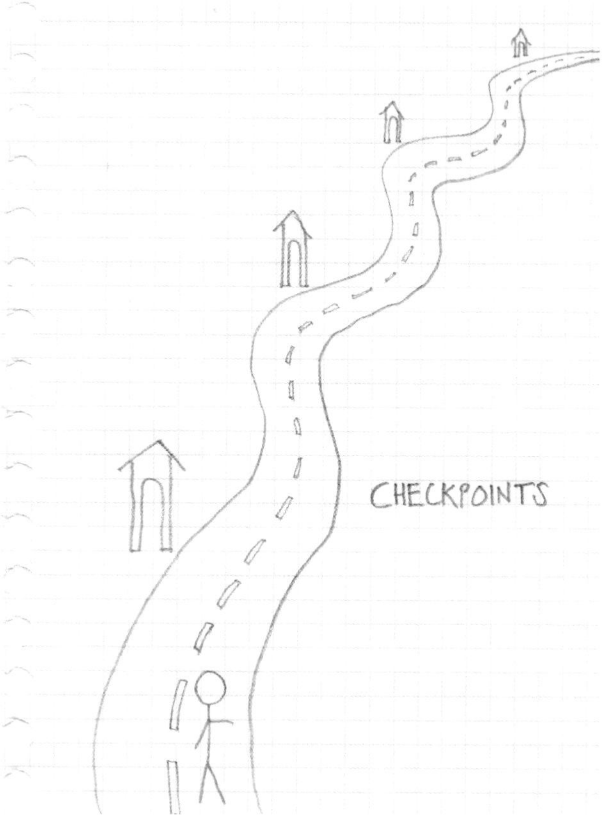

Prozesse sichtbar machen

Im Wort «Bildung» ist das Wort «Bild» enthalten. Sich ein Bild machen ist der Ausdruck dafür, etwas verstanden zu haben. Erfolgsfokussierende Lernarrangements setzen deshalb auf «Bild»ung und schaffen Anreize zum Verstehen.

Visualisierung beginnt damit, dass Lernende immer mit Papier und Schreibstift ausgerüstet sind und sich in selbstverständlicher Weise Notizen machen, kribbeln, kritzeln, zeichnen. Klar, das allein kann's ja nicht sein. Denn eigentlich geht es ja um Transformation, um die Umwandlung von Informationen in Bedeutung. Dieser Prozess der Konstruktion von Wissen wird nachhaltig unterstützt durch die Gestaltung so genannter *Charts. (Müller 2001/2002/2003)* Gemeint sind damit ganz bestimmte Methoden, die dazu führen, dass Informationen aller Art in einem individuellen

Verarbeitungsprozess eine Gestalt erhalten. Von *Mindmaps* über *Strukturskizzen* bis zu *Lernbildern* und *Graf-iz* und anderen Möglichkeiten mehr. Immer geht es darum, sich in der Fülle von Daten zurechtzufinden und ihnen eine Form zu geben. Kurz: aus Informationen Bedeutung zu generieren.

Diese – durchaus auch lustbetonten Aktivitäten – fördern das Verstehen und führen zum beglückenden Gefühl des «Ich hab's!». Solche Charts sind im Übrigen auch geeignet als informativer Wandschmuck in Arbeitsräumen oder zur Präsentation in entsprechenden Runden.

Wie die Flüsterkultur dazu führt, dass Gedanken quasi akustisch wahrnehmbar den Raum erfüllen, führen vielfältige Formen der Visualisierung zum gleichen Ergebnis – auf der Ebene visueller Wahrnehmung. Wichtig: Nicht – oder zumindest nicht nur – fertige Ergebnisse sind es, die «an die Wand» gehören, sondern das Sichtbarmachen von Prozessen. Das heisst: Zur fertigen Zeichnung gehört eine Darstellung der verschiedenen Schritte auf dem Weg zum Kunstwerk. Die Visualisierung der Prozesse regt an, es selber zu versuchen und fördert damit die Überzeugung in die eigene Wirksamkeit. Gleichzeitig wird sichtbar gemacht, dass Lernen ein Prozess ist. Und je vielfältiger die sichtbaren Zeugen solcher Prozesse, desto inspirierender die Wirkung. Hinzu kommt natürlich, dass jene Schülerinnen und Schüler, die gestaltend an solchen Visualisierungen mitwirken, einen erheblichen Gewinn an nachhaltigem Verstehen verzeichnen können.

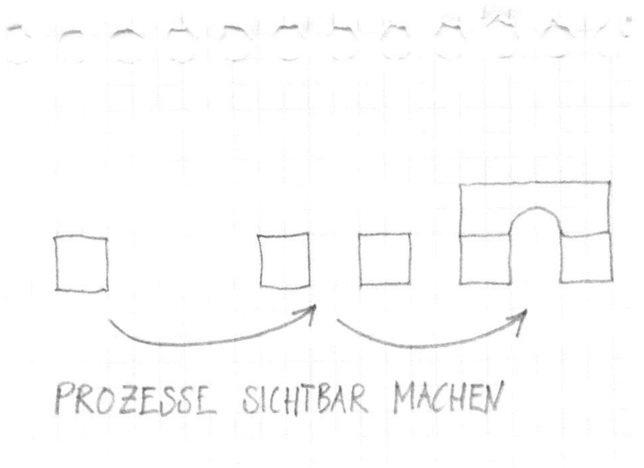

Denken heisst Konzepte erstellen. Das bedeutet: unterscheiden, einteilen, vergleichen. Oder «hantieren», wie es Manfred Spitzer nennt. Ein Inhalt wird «im Kopf bearbeitet, von verschiedenen Arealen des Gehirns zugleich und interaktiv verarbeitet, es wird mit ihm geistig hantiert. Je mehr, je öfter, je tiefer, desto besser für das Behalten.» *(Spitzer 2002)* Es geht mithin um das ordnende Gestalten oder gestaltende Ordnen von Gedanken. Und es geht darum, sich dieser Denkprozesse bewusst zu werden. Denn: «99,9% aller kortikalen Neuronen erhalten ihren Input von anderen kortikalen Neuronen und liefern ihren Output an andere kortikale Neuronen. Überspitzt ausgedrückt: Unser Gehirn beschäftigt sich fast ausschliesslich mit sich selbst.» *(Spitzer 2000)* Ein bisschen Transparenz kann da wohl nicht schaden. Das geschieht wirkungsvoll mit Mitteln der Visualisierung.

Prozesse und ihre Ergebnisse sichtbar machen heisst die Devise. Dabei geht es um den Blick ins eigene Gehirn ebenso wie um die Erkenntnisse anderer. Nach dem Motto «Wenn die Klasse wüsste, was die Klasse weiss» steht die gegenseitige Teilhabe an den individuellen Lernleistungen im Zentrum. Wenn zwanzig Schülerinnen und Schüler nach einer bestimmten Sequenz auseinander gehen, nehmen sie normalerweise ihre gewonnenen Erkenntnisse mit. Still für sich. Wie wäre es, sich gegenseitig Einblick zu gewähren? Wissen teilen heisst: es vermehren. Denn der Prozess der Teilhabe an den Überlegungen anderer fördert die Auseinandersetzung.

Eine Möglichkeit: Die Lernenden notieren die zwei drei wichtigsten Erkenntnisse und den Weg dazu auf Post-it-Zettel und heften sie an eine spezielle Moderationswand. Damit stehen sie quasi im *Schaufenster*. Sie können gruppiert und mit Expertenmeinungen ergänzt werden.

Dem Wissen auf der Spur

Schulisches Lernen ist in hohem Masse an sprachliche Fähigkeiten gekoppelt. Das heisst: lesen und zuhören. Und es heisst: verstehen, was gehört und gelesen wird. Der Begriff dazu: Literacy, jenes Verstehen und Begreifen, das handlungskompetent macht. Und seit die eine oder andere Nation arg ge*PISA*ckt wurde, verläuft die Bedeutungskurve verstehenden Wahrnehmens steil nach oben. Zu Recht. Denn Lesen ist eben weit mehr als die Aneinanderreihung von Buchstaben zur fortlaufenden Aufnahme von Text. Lesen – im Sinne von *Reading Literacy* – zielt vielmehr darauf ab, Wissen zu generieren, Zusammenhänge zu erkennen und Erkenntnisse in Handlungen umsetzen zu können. Geschriebenem kommt im Kontext von schulischem Lernen eine zentrale Bedeutung zu. Vor diesem Hintergrund lohnt es sich, Strategien und Methoden anzuwenden, die von einem rezeptiven Lesen (mit entsprechend geringer Nachhaltigkeit) wegführen zu einem sinnstiftenden und Wissen generierenden Lesen. Ein solches verstehendes Lesen entwickelt sich in der aktiven Auseinandersetzung mit den Inhalten. Die *PQ4R-Methode* basiert auf einer systematischen Vorgehensweise (Preview – Questions – Read – Reflect – Recite – Review). *Leseschritte* lassen sich darstellen am Beispiel eines Fremden, der in eine Stadt kommt. Er steigt zum höchsten Punkt auf und verschafft sich einen Überblick. Von dort aus erkennt er die markanten Sehenswürdigkeiten, die er aufzusuchen beabsichtigt, um sich näher mit ihnen zu befassen. Er markiert diese Punkte auf einer Skizze oder auf dem Stadtplan und stattet ihnen einen Besuch ab. Bemerkenswerte Einzelheiten schreibt er auf oder skizziert sie. Dabei klärt er die Fragen, die sich ihm stellen. Am Abend im Hotel lässt er die Eindrücke noch einmal vor seinem inneren Auge aufleben, bevor er zu Hause anruft, um seine Erlebnisse zu schildern. Nicht nur der Besuch einer Stadt, sondern auch die Lektüre eines Textes bedarf eben – im Interesse des Verstehens – spezifischer Aktivitäten.

Die Nachhaltigkeit wird deutlich erhöht, wenn Erkenntnisse schriftlich festgehalten werden. Eine Form: das *Protokoll.* Alles beginnt mit einem Blatt Papier. Wer seine Gedanken zu Papier bringt, verdinglicht sie. Wer Notizen macht, wählt aus, strukturiert, gewichtet, reduziert, setzt sich auseinander. Die Versprachlichung zwingt zu Verbindlichkeit. Und: Notieren impliziert Aktivität. Wer notiert, tut etwas, ist innerlich präsent.

Diese Präsenz beim Lesen gilt nicht minder beim Zuhören. Und das – Zuhören – ist vor allem auch quantitativ eine geballte Herausforderung. Lehrpersonen, so die Schätzungen, sprechen etwa hundert Mal so viel wie die redefreudigsten Schüler. Umgerechnet bedeutet das: Eine Lehrperson spricht in einer Unterrichtsstunde etwa so viel wie ein einzelner Schüler während eines ganzen Schuljahres. Lernende aller Stufen tun offensichtlich vor allem eines: zuhören. Aber noch lange nicht alles, was gesagt wird, wird auch verstanden. Im Gegenteil! «Gewusst wie» heisst deshalb die Devise, damit die Zeit des Zuhörens optimal genutzt werden kann. Eine Möglichkeit: Aktives Zuhören nach der *TQ3L*-Methode. Denn Zuhören strengt an. Und passives Zuhören ist

nur über eine ganz kurze Zeit möglich. Dann machen sich die Gedanken selbstständig. Mit methodischem Zuhören kann da Gegensteuer gegeben werden. Es zieht sich von der inneren Disposition über leitende Fragestellungen hin zur eigenen Aktivität (z.B. Notizen) und regelmässigen Reflexionen. Am Anfang wird der Faden aufgenommen, an dem entlang das Verstehen sich bewegt.

Wille und Fähigkeit zum Verstehen können durch herausfordernde Aufgabenstellungen nachhaltig gefördert werden. *LernJobs* gehören in diese Kategorie. Es sind Aufgaben, die dazu einladen, entdeckend, auf eigenen Wegen, dem Wissen auf die Spur zu kommen.

Als Job bezeichnet man gemeinhin eine vorübergehende Beschäftigung, eine berufliche Tätigkeit, eine Arbeit. Als das sind auch LernJobs zu verstehen: eine spezielle Art von Aufgaben, die zu einer intensiven Auseinandersetzung mit den entsprechenden Themen führt. Der inhaltliche und formale Aufbau von LernJobs trägt dieser Zielsetzung Rechnung. An die Phase der entdeckenden Auseinandersetzung schliesst sich eine reflektierende Auswertung in Form eines Conferencings an. *(Müller 2003)*

Lernen ist wie Sex

Partizipation verändert schulische Lernarrangements. Noch ist das Denken allerdings weit verbreitet, dass die Lehrperson in jedem Augenblick alle Fäden in der Hand halten und das gesamte Geschehen in einem Klassenraum lückenlos kontrollieren muss. Nur so ist zu garantieren, dass niemand aus der geschlossenen Marschkolonne ausbricht und eigene Wege und Umwege geht. Die nach wie vor vorherrschende Form der Wissensvermittlung ist, so Jürgen Oelkers, «immer bezogen auf ein mittleres Leistungsniveau und durchschnittliche Lerngeschwindigkeiten. Alle Lehrmittel setzen den fiktiven Normalschüler voraus, in jeder Klasse gibt es eine Normalverteilung. (...) Schulen sind staatlich organisierte Monopole. Sie vermitteln Wissen, das sich in Portionen zerlegen lässt. Humanistische Bildung jedoch verlangt nicht, jeden Tag sklavisch um acht Uhr mit dem Unterricht zu beginnen, die Zeit von Stundenplänen regieren zu lassen und Lektionen unabgestimmt aufeinander folgen zu lassen. Auch gehört es sicher nicht zur Bildung, dass eine ‹Lehrkraft› jeden Tag vor eine Gruppe von Schülern tritt, die nicht wissen, warum sie lernen, was sie lernen.» *(Oelkers 2002)*

In eine ähnliche Kerbe haut Gerold Becker: «Dies ist in der Tat einer der entscheidenden Massstäbe für die Qualität von Schule: Lernen, und vor allem Verstehen, muss auch befriedigend sein. Es muss für den Lernenden befriedigend sein, wenn ihm die ‹Welt›, andere Menschen und Zusammenhänge verständlicher werden.» *(Becker 1997)*

Das führt Ulrich Schnabel zur saloppen Feststellung: «Lernen ist wie Sex. Sagt die Hirnforschung. Aber das glaubt natürlich keiner. Lernen gilt als saure Pflicht, öde und nervtötend. Dabei könnte nichts weiter von der Wirklichkeit entfernt sein: Erstens ist der Trieb nach Erkenntnis mit dem Sexualtrieb durchaus vergleichbar, woraus zweitens folgt, dass Lernen sexy ist, was drittens erklärt, warum unser Gehirn nichts lieber tut als eben das: lernen.» *(Schnabel 2002)* Denn der Homo sapiens ist mit einem «Kapiertrieb» ausgestattet, der Lust daran empfinden lässt, Einzelheiten zu einem Ganzen zu fügen und neue Verknüpfungen zu erkennen – sei es die Pointe eines Witzes oder die Erkenntnis eines mathematischen Theorems.

Replay the memory
and you replay the feeling.
Re-play the feeling and you've created
a resourceful state of mind.
(Colin Rose)

4.3 Reflexion: Spion in eigener Sache sein

Die Klasse 4b erhält die korrigierten Prüfungen zurück. Ein kurzer Blick auf die Noten. Hier ein Seufzen, da ein leises Stöhnen, hier ein verhaltenes Jubeln, dort ein Kraftausdruck. Und der Rest ist Schweigen. Vielleicht ein kurzer Vergleich mit der Nachbarin. Mal sehen, was die hat. Warum ist die mit ihren 12 Punkten eine ganze Note besser als ich mit zehn? Da kann doch etwas nicht stimmen. Hand hoch: «Siiiieee, ...» Und das Feilschen ist eröffnet. Wie auf dem Markt in Marrakesch. Je nachdem wie viel Angriffsfläche die Lehrperson und/oder ihre Berechnungsgrundlagen bieten, folgt ein kürzeres oder längeres Hickhack um Punkte und Noten. Dann verschwinden die Blätter im Nirwana schulischer Leistungsnachweise. Oder etwas profaner ausgedrückt: im Papierkorb.

Vielleicht sind zwar noch Verbesserungen anzubringen. Nicht selten eine Pflicht- und Alibiübung. Dabei müsste just das als Grundmuster dienen: besser werden. «Besser» setzt einen Vergleich voraus. Besser als was?

Hier setzt reflektives Denken und Handeln ein. Reflexion bezeichnet vereinfacht das In-sich-Gehen, über Erlebtes nachdenken, etwas Revue passieren lassen, zu einer Erkenntnis gelangen. Kurz: Reflexion versteht sich als prüfendes und vergleichendes Nachdenken über etwas. Das «Etwas» kann eine Sache sein – die Formel zur Berechnung einer Kreisfläche beispielsweise. Es kann aber auch das eigene Verhalten im Zusammenhang mit besagter Formel sein, das Engagement, die Lernstrategie, die Befindlichkeiten. Mit anderen Worten: Wer reflektiert betätigt sich als Spion in eigener Sache.

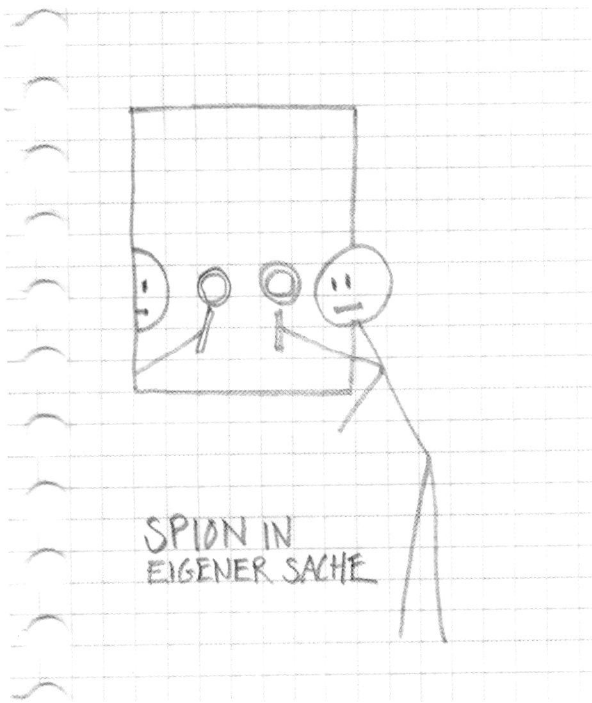

Wer Gäste zum Essen eingeladen hat, muss sich beim Anblick der verkohlten Steaks den einen oder anderen Gedanken machen. Und entweder wird er beim nächsten Mal sein Verhalten in der Küche den Bedürfnissen anpassen, den Pizzakurier bestellen – oder keine Gäste mehr einladen.

Die Devise ist ebenso klar wie einfach: Weiter so, wenn's funktioniert. Und wenn nicht: Mach etwas ander(e)s.

Gleiches gilt ohne Abstriche für schulisches Lernen. Ausgangspunkt ist eine bewusste Selbstbetrachtung. Reflexion heisst – im wahrsten Sinne des Wortes – *nach*denken. Und es heisst: Worte dafür finden. Es geht um die Fähigkeit der inneren Verbalisierung. Wirkungsvolle Reflexionsformen beruhen deshalb auf der Versprachlichung und Visualisierung von Gedanken. Durch eine strukturierte Wechselbeziehung von Erinnern, Schreiben, Skizzieren, Nachdenken, Betrachten und Lesen wird die Chance erhöht, zu neuen Einsichten zu gelangen und komplexere Zusammenhänge (wieder) sichtbar zu machen. Und eben: besser zu werden.

Testpersonen, die wöchentlich fünf Dinge protokollierten, für die sie dankbar waren, fühlten sich psychisch wohler, waren ausgeglichener und sozial aktiver als die Teilnehmer einer Kontrollgruppe, die ihre Aufmerksamkeit auf neutrale oder stressreiche Situationen lenkten. *(Schäfer 2004)* Daraus lässt sich schliessen: Die Ergebnisse systematischen Nachdenkens sind primär von zwei Faktoren abhängig – von der Methode und vom Fokus.

Mithin stellt sich die Frage: Mit welchem Auftrag ist der Spion in eigener Sache unterwegs? Soll er vor allem die Probleme ins Visier nehmen? Oder die Lösungen? Die Antwort ist klar: Wer seinen Blick bewusst auf das richtet, was gelingt, wer damit der Logik des Gelingens folgt, steht anders zu sich und zur Welt. Erfolge generieren Wohlbefinden.

Erfolge sind nichts anderes, als die vielen kleinen gelungenen Dinge des Lebens. Alle finden unzählige solcher Erfolge. Stunde für Stunde. Tag für Tag. Es braucht nur eins: bewusst hinschauen. Das gelungene Essen. Die schwungvolle Überschrift. Die unfallfreie Fahrt. Die richtig gelöste Mathematikaufgabe. Der Entschluss, die Treppe zu benützen, statt den Lift. Die Aufgabe, die Vorrang vor dem Fernsehen erhielt. Das blitzblank gereinigte Fahrrad. Die Freude am frischen Heu. Der neue Jump mit dem Skateboard.

Erfolg ist ein Gefühl, eine Haltung, eine Einstellung zu den Dingen, zum Leben schlechthin. Erfolg ist das Wissen tief in mir, einen ganz speziellen Moment erlebt und gestaltet zu haben. Dieser Moment lebt in mir weiter. Und die Summe solcher Empfindungen bildet eine sprudelnde Quelle der Zuversicht und der Motivation.

Die Erfahrungen des «Ich-kann-es» stärken das Vertrauen in die eigenen Fähigkeiten. «Self efficacy is the belief in his one's capabilities to organize and execute the sources of action required to manage prospective situations,» definiert Albert Bandura den Glauben an sich und an seine Fähigkeiten, der Menschen motiviert und zuversichtlich an Herausforderungen herangehen lässt. *(Bandura 1997)*

Die Forderung an schulische Settings ist vor diesem Hintergrund klar: Die Lernenden sollen a) das «Ich-kann-etwas» er-leben und auf eine ernsthafte Art wertschätzen. Sie sollen b) eine entsprechende Einstellung zum Lernen und Arbeiten aufbauen. Und sie sollen c) auf dieser Basis ihr Strategierepertoire permanent erweitern. Auf diese Weise führt Erfolg tatsächlich zu Erfolg.

Erfolge formulieren

Die Welt ist nicht so, wie sie zu sein scheint. Die Welt ist so, wie wir sie sehen. Oder sehen wollen. Menschen denken pro Tag etwa 50 000 Gedanken. Diese Gedanken prägen das Bild, das sie sich von sich und der Welt machen. Annemarie Laskowski geht davon aus, «dass die Vorstellungen, die Menschen über sich selbst entwickeln (Selbstkonzepte), einen bedeutenden Einfluss auf die künftige Selbstwahrnehmung und auf die Handlungskonstitution der Menschen ausüben. Man könnte sogar so weit gehen zu behaupten, dass die Selbstkonzepte eines Menschen für die Wahl und für den Erfolg seiner Handlungen tendenziell wichtiger sind als seine intellektuellen und physischen Fähigkeiten und zum Teil auch wichtiger als die situativen Gegebenheiten. *(Laskowski 2000)* Nun: Solche Selbstkonzepte lassen sich zielgerichtet beeinflussen. Eine wesentliche Rolle spielt dabei der Erfolgsfokus, die bewusste Wahrnehmung und Formulierung erfolgreich erlebter Situationen.

Lernende können immer und jederzeit Erfolge verzeichnen. Alle! Voraussetzung: Sie nehmen sie überhaupt wahr. Ausgangspunkt ist mithin der Erfolgsfokus. Ein besonderer Stellenwert kommt dabei der Schriftlichkeit zu. Die schriftliche Formulierung bündelt die Aufmerksamkeit. Ein probates Rezept heisst deshalb: Erfolge aufschreiben. Ein *Erfolgstagebuch* ist eine der Möglichkeiten. Eine andere: die tägliche und/oder wöchentliche *Er-*

folgsbilanz. Das Layout beispielsweise *(Müller 2002)* fordert die Lernenden heraus, sich täglich und wöchentlich die Situationen zu notieren, in denen sie sich erfolgreich gefühlt haben.

Eine Milchbüchlein-Rechnung dazu: Wer wöchentlich drei (nur drei!) Erfolge formuliert, schafft es in rund vierzig Schulwochen auf 120 intern attribuierte Selbstbestätigungen. Auf 120 gute Gefühle mit sich und der Welt. Auf 120 positive Lernerlebnisse. Und jede schriftliche Formulierung lässt die Gefühle noch einmal aufkommen. Eben: «Replay the memory and you replay the feeling. Replay the feeling and you've created a resourceful state of mind.»

Sich selber die Erfolge vor Augen zu führen ist die eine Seite. Sie anderen vorstellen zu können die andere. Eine Möglichkeit: *Top of the week.* Die Lernpartner präsentieren einander ihre wichtigsten und schönsten Lernerfolge. In Form von Speedinputs erklären sie, welche Erkenntnis sie im Verlaufe einer Woche gewonnen haben. Also beispielsweise: «Ich habe endlich begriffen, wie man Brüche kürzt. Und zwar geht das so:...» Nicht einfach das Lernergebnis per se ist Gegenstand der Präsentation. Es gilt auch, den Weg zu diesem Ergebnis darzulegen. Und allenfalls die Schwierigkeiten, die sich ergeben haben. Und die Art und Weise, wie diese Hürden überwunden worden sind. Die Lernenden festigen durch die Präsentation nicht nur die erworbenen Kenntnisse und Fähigkeiten, sie lernen auch, sich darzustellen und sie geben den anderen die Möglichkeit, an ihren Erfolgen zu partizipieren.

Gedanken strukturieren

Lernergebnisse vorstellen heisst: präsentieren und visualisieren. Das setzt voraus, den Gedanken eine äussere und damit auch eine innere Struktur zu verleihen. Auf diese Weise entsteht eine Art *Post Organizer.* Aus der Fülle dessen, was sich an Eindrücken, an Erkenntnissen, aber auch an Fragen gesammelt hat, wird eine Auswahl getroffen und in eine grafische Form umgearbeitet. Daraus entwickelt sich ganz automatisch ein weiterer Prozess des Durchdringens und Klärens.

Quasi eine Light-Version des «Top of the Week» kann inszeniert werden in Form eines Zusammensitzens im Kreis zum Abschluss einer Arbeitseinheit (Stunde, Tag). Alle Lernenden (dazu gehören auch die Lehrpersonen!) erklären ganz kurz, was sie im Verlaufe der letzten Arbeitseinheit gelernt haben. Sie legen in dieser *Erkenntnisrunde* dar, was sie jetzt neu wissen oder können. Wichtig: Es geht nicht darum zu erzählen, was sie gemacht, sondern was sie gelernt und an neuen Erkenntnissen dazu gewonnen haben. Die Sätze beginnen deshalb mit «Ich habe gelernt, dass...» oder «Ich weiss jetzt, dass ...». Auf diese Weise läppert sich in homöopatischen Dosierungen eine ganze Menge an Erkenntnisgewinn zusammen.

Apropos Erkenntnis: Eine Spielart davon nennt sich *Baum der Erkenntnis.* Dieser Baum – beispielsweise aus Styropor oder Weichpavatex – ist an der Wand befestigt. Aber natürlich sind der Phantasie hier keine Grenzen gesetzt. Die Kultivierung des Baumes ist einfach: Die Lernenden schreiben ihre Erkenntnisse auf Zettel. Sie präsentieren sie den anderen und hängen die Zettel an einen Baum. Auf diese Weise trägt der Baum mit der Zeit immer mehr Früchte. Der Erkenntnisgewinn ist offenkundig.

Jede neue Erkenntnis macht aus einem Lernenden im Prinzip einen anderen Menschen. Er ist – wenn auch nur zu einem ganz kleinen Teil – nicht mehr der, der er vorher war. Jeder Schritt ist gleichsam ein Fort-Schritt. Damit verändert sich wörtlich genommen der Standpunkt. In übertragenem Sinne gilt dieses Prinzip für *Skalierungs-Fragen.* Die Sache ist im Grunde genommen ganz einfach: Wo auf einer Skala von eins bis zehn positioniert sich der Lernende in einer bestimmten Frage? Angenommen, es geht um die neue Rechtschreibung. Und angenommen, der Lernende schätzt sich in dieser Frage etwa bei Drei ein. Dann bringt er damit zum Ausdruck, bereits etwas zu wissen und zu können. Denn zwischen Eins und Drei liegt irgend eine Erkenntnisdifferenz. Das heisst: Es sind bis dato durchaus gewisse Erfolge zu verzeichnen. Die nächsten Schritte gehen also von Könnenserfahrungen aus. Sie verlaufen entlang der Frage, wo der Lernende denn (und allenfalls bis wann) sein möchte. Angenommen, er will in zwei Woche bei Fünf sein. Dann lautet die Anschlussfrage: Und woran wird das zu erkennen sein? Und er wird vielleicht darlegen, dass er in der Lage sein werde zu erklären, welche Begriffe zusammen und welche getrennt geschrieben würden. Die Reflexion verbindet sich mit einem klaren Ziel. Und die nächsten Schritte sind in die Wege geleitet.

Repertoire erweitern

Leistungsergebnisse und die Prozesse, die zu ihnen geführt haben, verdienen es, dass man sich wertschätzend mit ihnen auseinandersetzt. Das ist mit *Conferencing* gemeint. Es gilt, laut zu denken, Lösungen und Lernerfahrungen auszuwerten, zu vergleichen, zu besprechen und gegebenenfalls in einen grösseren Zusammenhang zu stellen. Der Erfahrungsaustausch über Fragen und Probleme bei der Lösung anspruchsvoller Aufgaben birgt die Chance in sich, das Repertoire an Strategien und metakognitiven Fähigkeiten zu erweitern oder zu verfeinern. «Das Konzept des ‹eigenständigen Lerners›, vor allem die Instrumente der Lernreflexion und des Erfahrungsaustausches, fördert offenere Unterrichtssituationen und verstärkt die Eigenverantwortung fürs Lernen. Dies führte zu einer grösseren Zufriedenheit mit der schulischen Lernarbeit und – nach Aussagen von Lernenden und Lehrenden – zu einem grösseren Wohlbefinden in der Schule.» *(Beck/Zutavern/Guldimann 1995)* Na also!

Interaktion im Kontext generierenden Lernens ist primär eine Interaktion auf der Basis von Könnenserfahrungen. Die Zusammenarbeit orientiert an den individuellen Ressourcen. Zur Veranschaulichung dient ein *Ressourcenprofil* einer Gruppe, eines Lernteams, einer Klasse. Zu diesem Zwecke schreiben alle das auf Karten, was sie gut können, Gebiete, in denen sie sich kompetent fühlen. Wichtig: Das geht weit über die engen schulischen Disziplinen hinaus. An der Wand des Arbeitsraumes werden diese Karten aufgehängt. Und es können laufend neue Karten hinzukommen. Damit wird auf einen Blick sichtbar, welches Fähigkeitspotenzial eigentlich in diesem Raum versammelt ist. Oder wäre. Wenn man es nutzen würde. Nutzen heisst: Profitieren von den Ressourcen anderer. Und nutzen heisst auch: Fähigkeiten weitergeben und damit diese Fähigkeiten weiter ausbauen.

Erkenntnisgewinn sammeln

Die Kleber am Wohnmobil liefern Hinweise darauf, welche Orte der Welt schon besucht worden sind. Die Marathonläuferin bewahrt die Pokale und Diplome in einem Glasschrank auf. Der Jäger hängt seine Trophäen im Treppenhaus an die Wand. Und der Grafiker legt eine Sammelmappe an, die einen Ausschnitt seines beruflichen Wirkens zeigen.

Alles hat in gewisser Weise mit Erfolg zu tun. Und auch mit Stolz. Das ist jenes Gefühl, das Menschen mit leuchtenden Augen von dem erzählen lässt, was sie unternommen haben. Und es manifestiert sich im Bedürfnis, die Resultate eben dieser Aktivitäten aufzubewahren und zu präsentieren.

Das gilt natürlich auch für schulische Leistungen. Eine ausgezeichnete Möglichkeit bietet das *Lernportfolio* oder, wie es auch genannt wird, die «Direkte Leistungsvorlage.» *(Vierlinger 1999)* In einem Arbeitsportfolio sammeln die Lernenden ihre Arbeiten und Belege. Nach speziellen Kriterien wählen sie aus diesem Fundus die besten aus und legen sie in ein so genanntes Präsentationsportfolio. Die Arbeiten und weitere Dokumente, die über bestimmte Leistungen Auskunft geben, werden durch die Lernenden eigenhändig kommentiert. Sie beschreiben, was diese Arbeit auszeichnet, welchen Erkenntnisgewinn sie erzielt haben. *(Müller 2001)* Sie nehmen also mit einem vorwiegend positiven Approach zu den Dokumenten im Portfolio Stellung. Logisch: Sie haben ja die Auswahl entsprechend getroffen.

Logik des Gelingens

Reflexion versteht sich als bewusste Betrachtung des eigenen Verhaltens und dem, was dabei herauskommt. Ziel ist es, Einsichten zu gewinnen im Hinblick auf zukünftige Handlungen. Und klar: Die sollen erfolgreich sein.

Nun, die Logik des Gelingens folgt eigenen Gesetzen. Ein Beispiel: Die Schulen produzieren – das ist Teil des Systems – immer wieder Schülerinnen und Schüler, deren Übertritt in die nächst höhere Klasse zur Zitterpartie wird. Damit entstehen Bedrohungssituationen. In der Stadt Zürich wurden die Eltern solcher promotionsgefährdeter Kinder jeweils brieflich über das sich abzeichnende Ungemach ins Bild gesetzt. Just vor Weihnachten übrigens. Und was war die übliche Reaktion? Schülerinnen und Schüler, deren Aussichten auf einen erfolgreichen Übertritt eher schlecht beurteilt wurden, erhielten stützenden Unterricht. Natürlich erhielten sie diese Nachhilfe in jenen Fächern, in denen sie als speziell promotionsgefährdet bezeichnet worden waren. Selbstständige Projekte an der Universität Zürich gingen der Frage nach, ob ein ressourcenorientierter Ansatz nicht erfolgsversprechender sein könnte. So genannt promotionsgefährdete Kinder erhielten Unterstützung in Bereichen, die mit den diagnostizierten Defiziten überhaupt nichts zu tun hatten. Die «Nachhilfe» erfolgte vielmehr in Gebieten, in denen sie zu besonderen Leistungen fähig waren. Zeigte beispielsweise jemand besondere Talente im Trampolinspringen, erhielt er – im Hinblick auf den Stufenwechsel notabene – quasi Nachhilfe-Unterricht im Trampolinspringen. Und die Ergebnisse? Jene Schüler, deren Stärken gefördert wurden, zeigten signifikant bessere Leistungen als jene, deren Schwächen ins Visier genommen worden waren. *(Krapf 1996)*

Nun, so überraschend sind die Ergebnisse nicht, wenn man sich gedanklich der Logik des Gelingens nähert. Das Erbringen von Leistungen steht in direktem Zusammenhang mit dem Glauben an die eigenen Fähigkeiten. Dieser Glaube basiert unter anderem auf Erfolgserlebnissen. Je erfolgreicher sich der Schüler erlebt, um so zuversichtlicher tritt er zur Prüfung an.

Das ist plausibel. Und zur Bestätigung reicht wohl der Blick auf die eigene Biografie. Wer ist nicht schon mit dem flauen Gefühl «Das kann ich sowieso nicht» irgendwo angetreten? Wer hat nicht schon erlebt, dass dann genau das herausgekommen ist? Und wer hat nicht schon erlebt, dass das Leben mit hoch erhobenem Haupte ein anderes ist, als das mit eingefallenen Schultern?

Beziehungspflege

Die Menschen in der heutigen Gesellschaft gewöhnen sich zunehmend daran, dass die Dinge einfach vorhanden sind. Sie entstehen nicht mehr, sie sind da. Das Wachsen und Entstehen entzieht sich der Wahrnehmung. Viele Kinder und Jugendliche erleben die Welt aus dritter

Hand. Wer hat schon (beziehungsweise noch) die Möglichkeit an den Zyklen des Werdens teilzuhaben? Wer hat Gelegenheit mitzuverfolgen, wie der Apfelbaum ausschlägt? Wie er Blüten treibt? Wie die Früchte wachsen? Wie der Hagel ihnen zusetzt? Oder der Frost? Wie die reifenden Früchte diesen Schwierigkeiten trotzen? Wie sie geerntet werden?

Äpfel sind doch einfach da. Sauber abgepackt in den Regalen des Einkaufszentrums. Ebenso sauber abgepackt wie die Erdbeeren, die mit einer Selbstverständlichkeit mitten im Winter feilgeboten, gekauft und verzehrt werden. Saisonale Rhythmen verschwinden. Und mit ihnen schwindet das Verständnis dafür, dass Produkte gesät oder gepflanzt, gepflegt und geerntet werden müssen. Dass die Dinge ihre Zeit brauchen und ihre Zeit haben. Es bahnt sich so etwas an wie ein Verlust des Bewusstseins für die natürlichen Prozesse. Die Welt besteht aus Fertigprodukten.

Das betrifft nicht nur Äpfel oder Erdbeeren. Nach ähnlichen Mustern funktioniert auch die Welt vor den Bildschirmen. Wartezeiten werden rausgeschnitten. Schlag folgt auf Schlag. Mausklick auf Mausklick. Alles ist da. Die virtuellen Regale quellen über.

Und die Schule? Schwimmt sie nicht auch in diesem Fahrwasser?

Die Entwicklungen in der Bildschirmwelt machen vor dem schulischen Alltag nicht halt (oder waren schon immer da ...): Französisch – Schnitt! Deutsch – Schnitt! Die Stühle ersetzen das Sofa, die Körperhaltung gleicht sich zusehens an. Auch die Ausrichtung zum Aktivitätsschwerpunkt (hier zum Bildschirm, da zur Wandtafel) prägt in gleicher Weise die Szene. Was noch fehlt sind Coladose und Chipssack. Fragt sich nur, wie lange noch.

Zudem finden sich in den Regalen des Unterrichts Halb- und Fertigfabrikate in rauen Mengen und vielfältigen Formen. Das Kapitel eins schön neben dem Kapitel zwei. Der erste Weltkrieg sauber abgepackt in drei Arbeitsblätter. Die Vorlagen zum Einsetzen von Satzzeichen bei den Konserven. Und wie im Supermarkt muss man ab und zu sogar etwas einfüllen: Hier die Tomaten in einen Plastiksack, da die Wörter in einen Lückentext.

Das heisst: Die Schule leistet im Grunde genommen der Subito-Mentalität Vorschub. Sie orientiert sich am Produkt und vermittelt auf diese Weise den Eindruck, Lernergebnisse seien einfach da, sie könnten quasi aus dem Regal genommen werden (wenn nicht just dieses Gestell gerade leer ist, ausgerechnet heute, wo man die Zinsformel so dringend bräuchte...).

Dabei ist eigentlich klar: Es gibt kein Lernen ohne Beziehung. Und ebenso klar ist: Eine echte Beziehung bedarf eines Prozesses. Man muss etwas tun dafür, sich engagieren, sich einsetzen. Beziehung und Beziehungspflege verlangen nach Teilnahme am Entstehen, nach Teilhabe an der Entwicklung.

Und damit ist auch klar: Lernen braucht eine Investition in den Prozess (time on task), ein Bewusstsein dafür, dass Widerstände, Umwege, Kontraste Teil des Erlebens sind. Und ein Bewusstsein dafür, dass sich an den Lern-Erlebnissen bereits voraussagen lässt, was schlussendlich an Lern-Ergebnissen entsteht. Oder besser: generiert wird.

5. Die Rollen werden neu verteilt

Die Schule ist ein grosses Rollenspiel • Neue Rollen – Lernchoach zum Beispiel – verändern das Spiel • Die Lernkultur entsteht durch handelnde Menschen

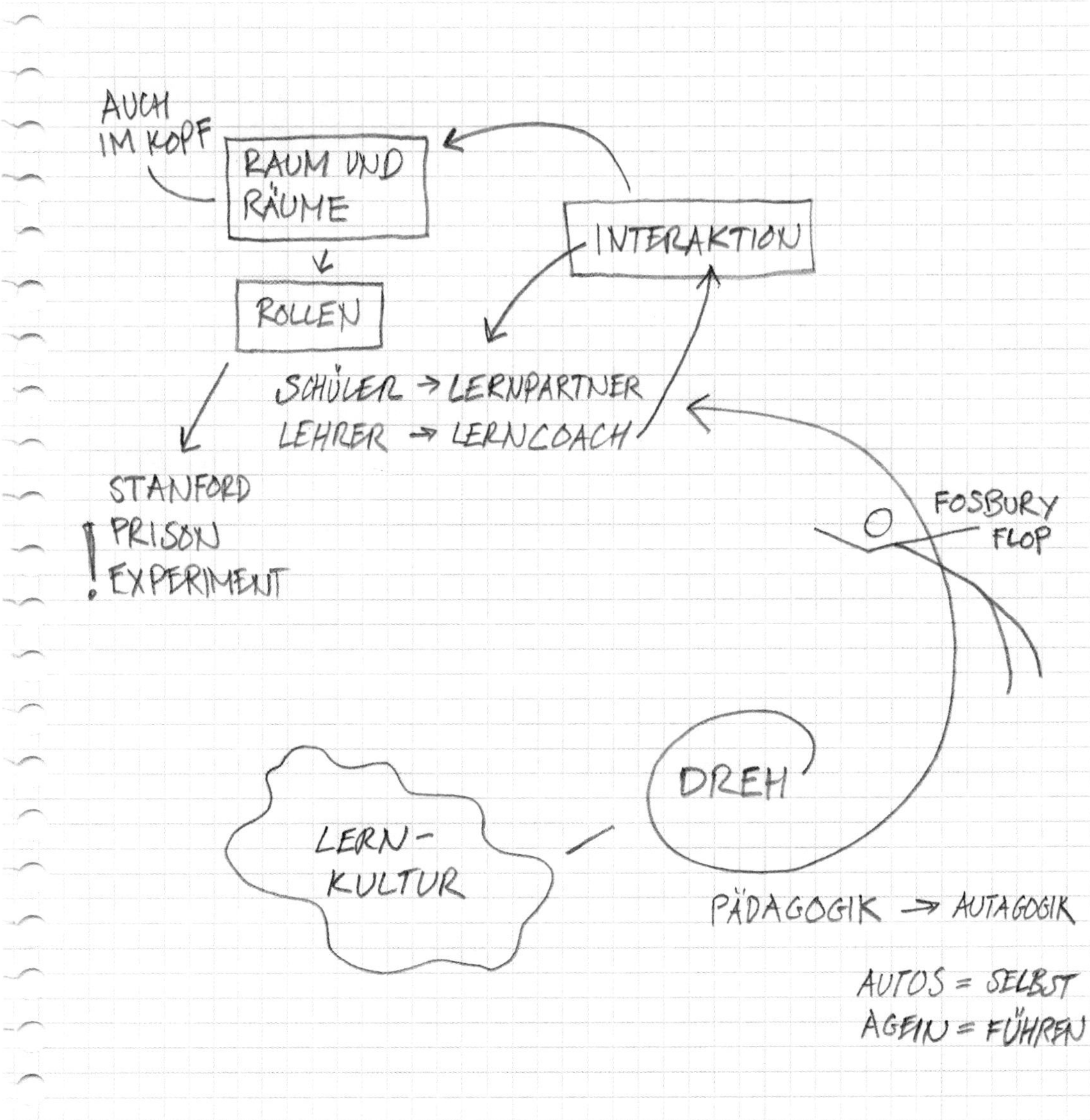

AUCH IM KOPF
RAUM UND RÄUME
ROLLEN
INTERAKTION
SCHÜLER → LERNPARTNER
LEHRER → LERNCOACH
STANFORD PRISON EXPERIMENT
!
FOSBURY FLOP
DREH
LERN-KULTUR
PÄDAGOGIK → AUTAGOGIK
AUTOS = SELBST
AGEIN = FÜHREN

Das Rollenspiel scheint als didaktisches Allerweltsrezept einen festen Platz in den Schulen erobert zu haben. Jedenfalls offeriert das Internet für die Kombination «schule+rollenspiel» weit über hunderttausend Möglichkeiten – von den Folgen des Kirchenbaus über die Asbestreinigung des Schulhauses bis zum verkannten Genie.

Doch: Das Rollenspiel ist in den Schulen nicht einfach eine Methode. Die Schule *ist* ein Rollenspiel, ein einziges grosses Rollenspiel. Es treten auf: Ein paar wenige Hauptdarsteller und jede Menge Statisten. Der Lehrer beispielsweise (er spielt eine Hauptrolle) verfügt über das Wissen. Er beherrscht sein Fach, versteht etwas von Didaktik. Das versetzt ihn in die Lage, dem Schüler etwas beizubringen. Dieser (der Schüler fristet eher ein Statistendasein) weiss noch nichts. Er wartet geduldig darauf, dass das Wissen vom Kopf des Lehrers in seinen Schädel überspringt – in homöopatischen Dosierungen, schön der Reihe nach, vom Leichten zum Schweren. Der Schüler muss einfach aufpassen, um nichts zu verpassen. Soweit das Drehbuch.

Doch nicht alle sind fähig oder willens, sich an diese Anweisungen der Regie zu halten. Manche stellen sich sperrig an, wie die Kuh beim Seiltanz. Andere ziehen sich immer mehr hinter die Kulissen zurück und verpassen fortwährend ihren Einsatz. Und dann gibt es noch jene, die sich offensichtlich gar nicht bewusst sind, welches Stück denn überhaupt gespielt wird. Das sind die Schwierigen. Ihnen werden spezielle Rollen zugewiesen. Die spielen sie dann perfekt. Übrigens auf Lehrer- wie auf Schülerseite.

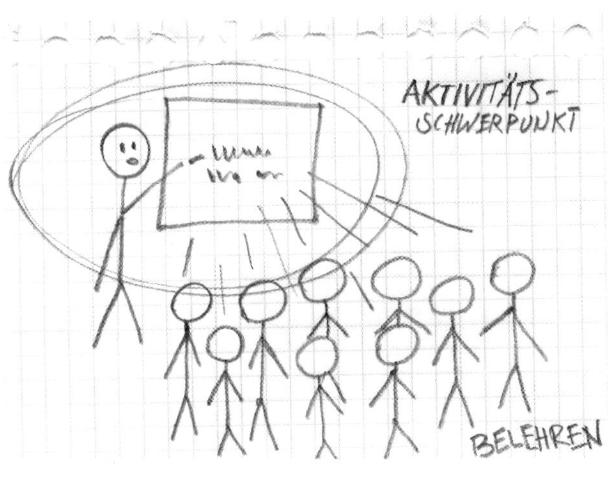

Wie schnell und unreflektiert Menschen Rollen annehmen und sich dem entsprechenden Regelkodex unterwerfen, führt das Stanford-Prison-Experiment vor Augen. Und zwar drastisch. 1971 führte Philip Zimbardo an der Stanford University ein sozialpsychologisches Experiment zu den Phänomenen Gehorsam und Aggression durch, das weltweit Aufsehen erregte. Ein Keller des Psychologischen Instituts wurde zu einem funktionalen Scheingefängnis umgebaut. Eine homogene Gruppe von 24 freiwilligen, gesunden und psychisch «normalen» männlichen Versuchspersonen sollte zwei Wochen in diesem Scheingefängnis verbringen. Sie wurden nach dem Zufallsprinzip in Gefangene und Wärter aufgeteilt. Nach sieben Tagen musste Zimbardo das Experiment abbrechen. Die «Wärter» waren zunehmend aggressiver geworden, und es kam in der Folge zu immer heftigeren und sadistischeren Schikanen und Übergriffen. Gleichzeitig häuften sich bei den «Gefangenen» Symptome starker psychischer Störungen (Angstzustände, Persönlichkeitsverluste). Und das Verrückte: Alle Versuchspersonen waren sich im Klaren darüber, dass es sich nur um ein Rollenspiel handelte. *(Haney/Banks/Zimbardo 1973)*

Das macht deutlich: Wer ein Rolle zugewiesen erhält, der spielt sie. Wer die Bühne – zum Beispiel das Schulzimmer – betritt, spielt seinen Part. Er wartet als «Schüler» auf Anweisungen und versucht, sie möglichst aufwandneutral zu erfüllen. Er versetzt als «schwieriger Schüler» die Lehrer laufend in einen Vollzugsnotstand. Er beurteilt als «strenger Lehrer» die Aufsätze so, dass alle die Luft anhalten, wenn er mit den korrigierten Heften den Raum einnimmt.

Soziale Normen – die jeweilige (informelle) Übereinkunft darüber, wer an einem bestimmten Ort was tut oder lässt – determinieren die Verhaltensweisen in Gruppen. Die entsprechende Dynamik übt Druck auf den Einzelnen aus und nimmt Einfluss auf seine Bereitschaft, sich zu distanzieren oder anzupassen.

Auch das System Schule funktioniert nach solchen Mustern. Rollen bestimmen das Verhalten. Das heisst: Veränderungen (zum Beispiel eine neue Lernkultur) entstehen in einem Rückkoppelungsprozess durch eine Neubesetzung der Rollen. Vielleicht gibt es dann keine «Schüler» mehr. Sondern Lernende. Oder Lernpartner. Und vielleicht gibt es keine «Lehrer» mehr. Sondern Lernbegleiter. Oder Lerncoaches. Und vielleicht ändert sich das Bühnenbild. Aus dem «Schulzimmer» wird eine gestaltete Lernumgebung. Oder ein Lernatelier. Rollenwechsel sind angesagt. Der Wandel braucht ein Dreh-Buch. Ein Buch zum Dreh.

Paradimga
Ein Paradigma bezeichnet nach Duden ein «Denkmuster, das das wissenschaftliche Weltbild, die Weltsicht einer Zeit prägt.» Beispiel eines solchen Weltbildes: Die Erde ist eine Scheibe.

Wenn sich dann herausstellt, dass es sich stattdessen um eine Kugel handelt, geht mit dieser Erkenntnis ein Paradigmen-Wechsel einher. Das bereitet nicht eitel Freude. Denn es heisst: Denkgebäude verlassen. Und Gebäude sind eben immer auch ein Stück Heimat. Paradigmenwechsel können deshalb auch temporär heimatlos machen. Oder zumindest unsicher. Obschon das Sprichwort sagt: «Der Kopf ist rund, damit das Denken die Richtung ändern kann.»

Blick nach oben

Für den Dreh gibt es Beispiele. Eines davon: Olympische Spiele 1968 in Mexiko. Ein Bild ging um die Welt: Der Amerikaner Dick Fosbury nahm Anlauf, sprang ab, drehte den Körper ab und überflog rücklings die Hochsprunglatte auf einer Höhe von 2,24 Metern. Neuer Weltrekord! Olympisches Gold! Der Fosbury-Flop war geboren, ein Quantensprung im wahrsten Sinne des Wortes. Eine Revolution in der Leichtathletik. Ein Paradigmen-Wechsel. Denn bis zu diesem Zeitpunkt kämpften die Hochspringer mit dem «Straddle» um Zentimeter und Rekorde: Sie wälzten sich bäuchlings über die Latte. Und sie wendeten den Blick nach unten. Sie hatten nicht den Flug im Fokus, sondern bereits die Landung. Und damit natürlich auch das Scheitern.

Ähnlich wie die Schule: Sie nimmt das Versagen ins Visier. Der Rotstift ist ein sichtbares Zeichen dieser Haltung. Das heisst: In tradierten Schulmustern interessiert man sich gemeinhin besonders für die Defizite. Die Lehrer erscheinen als Spürhunde auf der Suche nach Fehlern. Grund mag die auf den ersten Blick plausibel erscheinende Annahme sein, dass man die Ursache eines Problems kennen muss, um es erfolgreich aus dem Weg zu räumen. «Je eingehender wir uns den Schwierigkeiten widmen, um so näher wähnen wir uns ihrer Bewältigung.» *(Mehlmann/Röse 2000)* Entsprechend richtet sich der Blick zurück.

Eben: Wie die «alten» Hochspringer: Sie hatten bei ihrer Bauchwelle über die Latte den Boden im Auge. Dick Fosbury hingegen schaute bei seinen Höhenflügen nach oben – himmelwärts. Er hatte einen neuen Dreh entwickelt und sich damit zum Erfolg katapultiert. Seine Wende vom Bauch auf den Rücken hat die Welt überrascht. Von überraschenden Wendungen auf einem ganz anderen Gebiet berichtet Steve de Shazer. Das entsprechende Buch heisst bezeichnenderweise: «Der Dreh.» *(de Shazer 1989)* Gemeint ist der Dreh weg vom Problem hin zur Lösung. Ein Paradigmen-Wechsel, wie der Dreh vom Bauch auf den Rücken.

Paradigmen-Wechsel tun auch in der Schule Not. Denn: Immer stärker weichen die Sozialisierungshintergründe der Lernenden voneinander ab. Gleichzeitig wandeln sich die Ansprüche in Wirtschaft und Gesellschaft mit

Pädagogik	Autagogik
Aus *griech.* pais, paidos «Kind, Knabe» und *griech.* agein «führen». Kinder-, Knabenführer. Bezeichnete ursprünglich einen Sklaven, der die Kinder in die Schule und wieder zurück nach Hause geleitete.	Zusammengesetzt aus *griech.* autos , «selbst, aus eigener Kraft und agein «führen». Übergeordnetes Konzept für selbstkompetentes, selbstwirksames Lernen.

• Handlungsleitendes Prinzip: Lehren	• Handlungsleitendes Prinzip: Lernen
• Aktivitätsschwerpunkt beim Lehrer. Stichwort: Fremdsteuerung	• Aktivitätsschwerpunkt beim einzelnen Lernenden. Stichwort: Selbststeuerung
• Lernen = Übertragen, Vermitteln von Wissen	• Lernen = individuelle Konstruktion von Wissen, Können und Wollen
• Auf der Suche nach Defiziten, gegen die etwas getan werden soll.	• Auf der Suche nach Ressourcen, für die etwas getan werden soll.
• part of the problem	• part of the solution
• Schüler	• Lernpartner
• Kollektive Ziele und Verbindlichkeiten. Kleinstes gemeinsames Vielfaches	• Individuelle Ziele und Verbindlichkeiten. Anerkennen von und Arbeit mit Unterschieden
• Leistungsvergleich am Klassendurchschnitt (Punkte, Zensuren)	• Individueller Leistungsvergleich an transparenten Standards/Referenzwerten (Referenzieren)
• Linear	• zirkulär
• adaptiv	• antizipativ
Lehrer	
• Arbeit im System	• Arbeit im System und am System
• Lehrer, Wissensvermittler	• Lerncoach
• Cage on the stage	• Guide on the side
• Systemfokus: Klasse	• Systemfokus: Schule

zunehmender Dynamik. Die Folge: Eine ritualisierte Fortschreibung tradierter Schulmuster geht mehr und mehr an genau diesen Bedürfnissen der Zeit und ihrer Menschen vorbei. Kein Wunder, dass allenorts der Ruf nach «etwas Anderem» ertönt.

Für Ursula Dörger ist denn auch klar: «Die Unterschiedlichkeit der Kinder und Jugendlichen erfordert flexible Lernsituationen. (...) PISA mit der erneuten Feststellung, dass homogene Lerngruppen zwar ein typisch deutscher Lehrerwunsch sind, den das Schulsystem nährt, sie aber nirgends bestehen, sollte die Perspektive vermitteln, dass die Zukunft der Schulentwicklung bei begleiteten individuellen Lernprozessen liegt. Auf dem Weg dorthin sind jene Schulen, die am konsequenten Aufbau selbstständiger Lernformen arbeiten.» *(Dörger 2003)*

Schulische Lehrpläne und Programme blasen seit geraumer Zeit kräftig zum Aufbruch. Verbal mindestens. Differenzierung, Selbstverantwortung, eigenständiges Lernen, Sozialkompetenz, Persönlichkeitsentwicklung, Begabungsförderung gehören mittlerweile zum begrifflichen Standardrepertoire. Doch mit bildungspolitischen Sonntagsreden ist es eben nicht getan. Der beschleunigte Anspruchswandel verlangt Veränderungen bis hinein in die tägliche Arbeit in der Schule. The proof of the pudding is in the eating. Das heisst: Erst in den Niederungen des Alltags zeigt es sich, ob Worten auch Taten folgen.

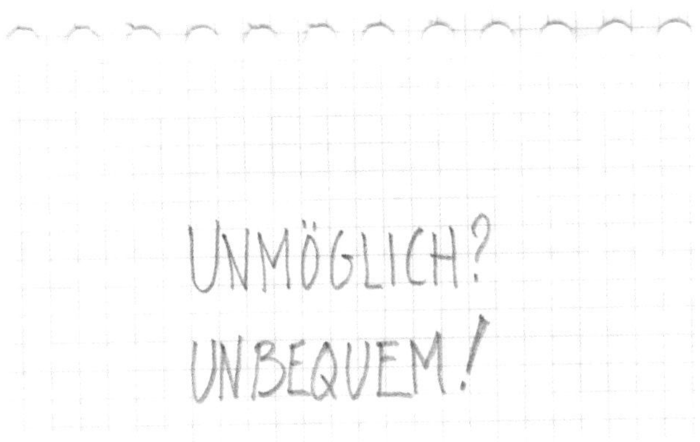

Vom Dreh zu einer Lernkultur sind weite Teile des Ausbildungsbildungssystems weit entfernt. Sie haben noch nicht einmal Anlauf genommen. Denn Schulen werden gemacht von Lehrern und Behörden – für Lehrer und Behörden. Für wen sonst? Wem dienen letztlich Lektionen und entsprechende Stundenpläne? Dem Lernen? Sicher nicht. Es geht um Personaleinsatz und Raumverteilung. Und dabei stehen meist nicht die Interessen der Lernenden im Zentrum. Da haben andere Bedürfnisse eine weit höhere Priorität.

Deshalb fällt den Schulen ein Paradigmen-Wechsel so unendlich schwer. Denn Paradigmenwechsel kennen eben weder Tabus noch Besitzstandsgarantien.

Dreh von der Pädagogik zur Autagogik

Lernen lässt sich weder delegieren noch verordnen. Mit anderen Worten: Lernen ist nicht eine Reaktion auf Lehren, nicht die Kehrseite des Lehrens. Lernen fusst auf einem tiefen Gefühl von «selbst.» Der Schule stellt sich vor diesem Hintergrund die Aufgabe, selbstwirksames Lernen zu ermöglichen. Und das bedeutet: Den Dreh finden von der Pädagogik zur Autagogik.

Autagogik *(Fuchs 2004)* setzt sich zusammen aus dem griechischen Wort «autos» (selbst, aus eigener Kraft) und «agein» (führen). Damit wird zum Ausdruck gebracht: Der Aktivitätsschwerpunkt wird hin zum Lernenden verlagert.

Das erste Wort, das ein kleines Kind sagen kann, ist in der Regel «Mama.» Dem häuslichen Frieden zuliebe folgt meist «Papa.» Aber dann kommt es: Selber! Sie wollen selber aus dem Glas trinken. Sie wollen selber in den Spinat hauen. Sie wollen selber die Zähne putzen, die Schuhe binden, die Treppen hinaufsteigen. Schade, dass die Erwachsenen ihnen dabei so häufig im Wege stehen.

Bruno Krapf, bekannt geworden durch sein Buch «Aufbruch zu einer neuen Lernkultur» *(Krapf 1994),* erzählt folgende Begebenheit: Eine Mutter schiebt in einem Geschäft den Einkaufswagen vor sich her. Ihr kleines Kind trippelt – noch sehr unsicher – hinter ihr her. Plötzlich fällt es flach auf den Bauch. Im Liegen hebt es den Kopf und blickt fragend zur Mutter hoch. Die wendet sich wie selbstverständlich dem Einkaufswagen zu und schiebt in ganz langsam weiter. Das Kind nimmt das wahr, zögert einen Moment, rappelt sich dann noch etwas unbeholfen auf, rennt der Mutter nach und sagt freudestrahlend: «Selber!» Anmerkung von Bruno Krapf: «Wenn dieses Kind zwanzig Jahre später im übertragenen Sinne hinfällt, wird es wahrscheinlich auch aufstehen und sagen: Selber!»

Lernen ist ein sich selbst fördernder, ein aktiver Prozess des Generierens. Ziel und damit Auftrag der Schule aus autagogischer Perspektive ist es folglich, die Interaktion und die Arrangements so zu gestalten, dass Lern- und Selbstkompetenz sich entwickeln können. Das kann sich nur bei jedem einzelnen Individuum zutragen. Jede Entwicklung ist persönlich und verläuft zirkulär, quasi von innen nach aussen. Das braucht Raum – auch in den Köpfen. Jedoch nicht den bequemen Schonraum der Beliebigkeit: Zu den Möglichkeiten müssen sich die Verbindlichkeiten gesellen. Es braucht ein Klima, in dem Anstrengung, Beharrlichkeit, Disziplin, Verantwortung zu wichtigen Begriffen anvancieren, immer gepaart mit Begriffen wie Leistungsfreude, Neugier und Leichtigkeit. Und natürlich: «Selbst.» Dann kann aus der organisierten kollektiven Unverantwortlichkeit ein förderlicher und inspirierender Initiativraum entstehen.

Ermöglichen verlangt nach Loslassen. Und Loslassen verlangt nach Vertrauen – Vertrauen ins Können, ins eigene und in jenes der anderen. Vertrauen aber auch ins Wollen: Vertrauen darauf, dass im Grunde genommen alle – auf ihre Weise – erfolgreich, gut und anerkannt sein wollen.

Alle diese Dinge lassen sich nicht vermitteln, nicht unterrichten und schon gar nicht verordnen. Sie passen nicht zwischen zwei Pausen. Sie können nur entstehen in einer Art Rückkoppelungseffekt. Das heisst: In der Interaktion. Und es heisst weiter: Interaktionsmuster anders stricken.

Lernen ist Kommunikation

Mathematik in der Schule hat weniger mit Mathematik als viel mehr mit Menschen zu tun. Oder anders gesagt: Schulisches Lernen ist Kommunikation. Nun wissen wir ja: Man kann nicht Nicht-Kommunizieren. *(Watzlawick 1985)* Das führt zum Schluss: Man kann auch nicht Nicht-Lernen. Die moderne Neurobiologie liefert die Bestätigung: Das Gehirn lernt sowieso. Ob wir wollen oder nicht. Die Frage ist nur: Was? Entwickle ich Freude an der englischen Sprache? Oder büffle ich englische Vokabeln zum Zwecke der Wiedergabe an Proben und Prüfungen? Die Differenz liegt also in der Art, wie in der Schule kommuniziert wird, wer mit welchen Fragen die Lernprozesse dynamisiert. Oder behindert! It is the difference, that makes the difference. Denn systemtheoretisch gesehen beeinflusst jede Veränderung in einem System das zukünftige Zusammenspiel aller Systemteile.

Anders gesagt: Schulische Lernprozesse entwickeln sich entlang den vorherrschenden Interaktionsmustern.

Ein Denken und Handeln im Stile von «Ich-weiss-etwas-was-du-nicht-weisst», verbunden mit entsprechend klaren Funktionsaufteilungen zwischen dem fragenden Lehrer dort oben und dem antwortenden Schüler hier unten öffnet kaum Spielräume für eine inspirierend-herausfordernde Interaktionskultur. Im Gegenteil!

Anders sieht es aus, wenn Schüler (und Lehrer) den Fokus auf die gelingenden Faktoren zu richten beginnen statt auf Defizite. Denn zwangsläufig verändert sich ihre Kon-

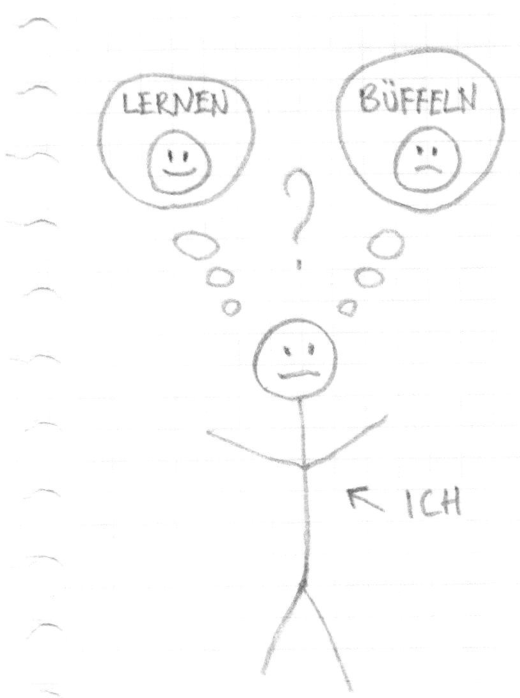

struktion der schulischen Wirklichkeit. Je konsequenter, um so wirkungsvoller. Die Menschen nehmen sich und ihre Umgebung anders wahr. Eben: Sie nehmen es als «wahr.» Und als Folge davon verändert sich ebenso zwangsläufig die Interaktion unter den Beteiligten. Logisch: Wer sich erfolgreich erlebt, verhält sich anders, als wenn er dauernd eins aufs Dach kriegt.

Die Überzeugungen in die eigenen Fähigkeiten (self-efficacy-beliefs) und das allgemeine Selbstwertgefühl stehen bei Lernenden in engem Zusammenhang mit ihren Leistungsergebnissen in der Schule. Mit anderen Worten: Das Gefühl, zugehörig zu sein, determiniert im Wesentlichen das, was schliesslich an Leistungen entsteht. Der Schluss liegt nahe: Der Erfolg schulischen Lernens steht in direkter Abhängigkeit zum Klima. «Insgesamt ergeben sich klare Hinweise, dass die strukturellen Merkmale des Schulsystems Auswirkungen auf das Selbstkonzept der Schülerinnen und Schüler haben, die auch noch Jahre später feststellbar sind.» *(Eder/Lang)* Die Kultur der Interaktion, und damit das Arbeitsklima, beeinflusst also die Wahrnehmung der eigenen Situation und die sozio-emotionale Befindlichkeit der Lernenden in hohem Masse. Kurz: Der Lernerfolg beginnt bei der Lernkultur.

Eine neue Lernkultur setzt voraus, sich von einigen schulmeisterlichen Prinzipien zu lösen, die wie Fossile aus einer erdgeschichtlichen Vergangenheit in eine moderne Lernlandschaft hineinragen. Albert Einstein hat es auf seine Weise zum Ausdruck gebracht: «Kein Problem kann durch das selbe Bewusstsein gelöst werden, welches das Problem geschaffen hat.» Er hat zwar damit nicht explizit die Schule gemeint. Aber es passt ausgezeichnet.

«Zumeist werden in den Schulen illegitime Fragen gestellt, um Antworten einzufordern, die keine sind und deshalb auch keine Verantwortung hervorbringen, sondern äffisches Getue, Opportunismus und Dummheit.» Der sich so über die Schule aufgeregt hat, ist Heinz von Foerster, Vordenker des Konstruktivismus.

Lernprozess-Begleitung
Die wichtigste Qualität besteht wohl in der Lernprozess-Begleitung. Hier haben wir wahrscheinlich auch die grössten Defizite und den entsprechenden Nachholbedarf. Dies betrifft vor allem …
… das Verständnis für die in konkreten Lernsituationen auszulösenden Lernprozesse,
… das Formulieren von Lernaufgaben mittleren Schwierigkeitsgrades,
… das Ermitteln und Berücksichtigen von Lernvoraussetzungen,
… das Unterstützen und Begleiten von Lernprozessen mit Lernprotokoll, Lernjournal, Lernbericht, Lerndiagnose und Lernberatung,
… das Bereitstellen individualisierter Lernabgebote und differenzierter Lernhilfen,
… das Erarbeiten angemessener Selbstkontrollmöglichkeiten
Gasser 1999

«Eine Frage ist illegitim, wenn ihre Antwort bereits bekannt ist. Wenn Lehrer Fragen dieses Typs stellen, ist das eine Schweinerei und eine Gemeinheit. Legitime Fragen sind hingegen solche, auf die es noch keine fertige Antwort gibt. Wäre es nicht schön, wenn sich eine Institution wie die Schule vorrangig mit legitimen Fragen abgeben würde?» *(von Foerster 1998)*

Eigentlich geht es also darum, legitime Fragen zu stellen, eine förderliche Interaktionskultur zu schaffen. Gezielt und systematisch. Denn mit einer lösungsorientierten Kommunikation steigt nachweisbar die Erfolgswahrscheinlichkeit.

Gestaltung von Interaktion

Hier setzt Lerncoaching ein. Nicht die Vereinheitlichung auf einem Niveau der mittleren Unzufriedenheit ist das Ziel, sondern das explizite Anerkennen von Unterschieden. Lerncoaches arbeiten mit Ressourcen und mit individuellen Verbindlichkeiten. Kurz gesagt geht es darum, die persönlichen Stärken der Lernenden zu identifizieren, zu beleuchten, zu spezifizieren und zu bestärken. Diesem Ziel dient die Interaktion. Denn es gehört zu den wichtigsten menschlichen Motiven, sich selbst zu «überarbeiten», sich zum Positiven verändern zu wollen. «Die Fähigkeit, sich anspruchsvolle Ziele setzen zu können, ist eine Richtschnur für psychische Gesundheit und Wohlbefinden. Das heisst: nur wer zur Selbststeuerung und Veränderung fähig ist, wird autonom – und glücklich.» *(Ernst 2003)* Die Fähigkeit entwickelt sich – so oder anders – auch im kommunikativen Netzwerk schulischer Kontexte.

Also: Lerncoaching ist nichts anderes, als eine spezielle Art der Interaktion. Eine ressourcen- und lösungsorientierte Art der Interaktion zum Aufbau und zur Förderung der Selbsthilfekompetenz. Es geht darum, Lernenden zu helfen, ihre eigenen Antworten zu finden.

Das heisst: Die Aufgabe eines Lerncoaches orientiert sich am Ziel, «den Prozess des Auskundschaftens von Lösungsmöglichkeiten in Gang zu bringen und dann konsequent auf Kurs (also Richtung Lösungsoptionen) zu halten.» *(Mehlmann/Röse 2000)* Das hat nichts mit esoterischer Selbstfindungsfolklore zu tun. Vielmehr geht es darum, dass die Lernpartner sich selber als Experten wahrnehmen und ein stabiles Lösungsbewusstsein entwickeln, das sich im Alltag als tragfähig erweist. Eigentlich plausibel.

Damit zeigt sich: Lerncoaching ist zuerst und vor allem eine Haltung. Das entsprechende Selbstverständnis leitet sich ab aus der Einstellung zu den Schülern. Dann werden aus «Schülern» plötzlich Lernpartner. Das klingt nicht nur anders, es steckt eine andere Einstellung dahinter. Lerncoaching, um das noch einmal deutlich zu machen, heisst nicht, eine Kultur und Praxis des abstrakten Belehrens aufrechterhalten und – quasi kompensatorisch – den «schlechten» Schülern eine Beratung applizieren. Coaching hat nichts zu tun mit dem guten Samariter. Und noch weniger mit fürsorglicher Belagerung. Denn Fürsorge macht Menschen tendenziell passiv. Vielmehr geht es um die Frage: Wie kann ich zum Erfolg der Lernenden beitragen?

Lerncoaching bringt so gesehen unterrichtliche Aktivitäten auf eine höhere Ebene, vorab das Ziel verfolgend, die Interaktion erfolgsrelevant zu gestalten. Basis ist eine Grundhaltung, die nicht von einem Prinzip des Belehrens ausgeht, sondern von einem des Lernens, generierenden Lernens eben.

Wesentliche Elemente generierenden Lernens sind selbstständige Lernformen, flexible Lernsituationen und begleitete individuelle Lernprozesse! Das verlangt nach Menschen, die in Schule und Beruf eine entsprechende Lernkultur kultivieren können. Eben: Lerncoaches. Basis ihrer Arbeit ist eine positiven Aufmerksamkeitsfokussierung. Und Ziel ist eine lösungs- und transferorientierte Interaktion. Vor diesem Hintergrund entwickeln, gestalten und evaluieren sie Lernarrangements, initiieren und begleiten Lernprozesse, kennen die relevanten Bedeutungszusammenhänge und setzen dieses Know-how wirkungsvoll ins Prozessmanagement um. Und bei alledem ist klar: Sie nehmen sich zurück. Hauptdarsteller sind die Lernpartner.

Es ist ähnlich wie beim Boxen: Der Vergleich ist vielleicht darum so passend, weil er so weit hergeholt scheint. Der zukünftige Boxchampion trainiert mit einem Sparringpartner. Dieser Sparringpartner erteilt nicht von Ringecke aus seine Anweisungen (wie der Lehrer von der Frontseite des Schulzimmers). Nein, er boxt aktiv mit. Das versetzt den Boxer in die Lage, seine Stärken und Schwächen zu erkennen – und entsprechende Veränderungen an seinem Verhalten vorzunehmen. Die Sparringpartnerschaft ist eine subsidiäre Funktion. Guide on the side, not cage on the stage. Es geht darum, dem anderen (in diesem Fall dem Boxer) zum Erfolg zu verhelfen. Sparring versteht sich damit als verhelfende Beziehung.

Gestalten von Lernsituationen
Ich komme je länger, desto mehr zur Ansicht, dass das Hauptaugenmerk auf das intelligente und lernwirksame Gestalten von Lernsituationen zu richten ist, auf das Ausprobieren und Optimieren derartiger Situationen, auf die wache Wahrnehmung und zurückhaltende Unterstützung von Lernenden in Lernsituationen.

Gasser 1999

Die geistige Verwandtschaft liegt nahe: Auch der Lerncoach ist eine Art Sparringpartner. Durch seine bewusst lösungs- und ressourcenorientierte Interaktion mit Einzelnen oder mit Gruppen verhilft er ihnen zum Erfolg. Zum Lernerfolg.

Raum und Räume

Entwicklung braucht Raum und Räume. Das beginnt in den Köpfen und setzt sich fort in den Konzepten und Strukturen. Ein taktisches Konzept im Fussball heisst: die Räume eng machen. Das lässt der anderen Mannschaft keinen Spielraum. Es braucht wenig Phantasie und ebenso wenig fussballtaktische Kenntnisse, um sich vorstellen zu können, dass «Räume eng machen» viel mit Verhindern und wenig mit Ermöglichen zu tun hat. Fast scheint es, als sei diese Taktik in den Schulen aus der Taufe gehoben worden. Denn wo man hinschaut, werden die Räume eng gemacht – baulich, organisatorisch, gedanklich.

Doch: Schulen, die sich nicht nur als lernende Organisationen verstehen, sondern auch entsprechend handeln, finden immer Wege, vermeintliche Grenzen zu sprengen. Denn allzu häufig müssen Lehrpläne, Schulzimmer, Klassengrössen und dergleichen schlicht und einfach als billige Ausreden herhalten.

Wie auch immer, Franklin D. Roosevelt bringt es auf den Punkt: «Tu was du kannst, mit dem was du hast, wo immer du bist.»

Schulisches Lerncoaching heisst: Gestaltung von Interaktion. Zur Arbeit im System gesellt sich damit, quasi als logische Folge einer bestimmten Denkhaltung, die Arbeit am System.

Diese Arbeit am System orientiert sich in erster Linie an der Frage: Was trägt dazu bei, die Wahrscheinlichkeit konstruktiver Interaktionen zu erhöhen? Denn lebendiges Lernen ist interaktives Lernen. Das ist nur schlecht möglich in Räumen, in denen die Schüler aufgereiht an Tischen sitzen wie die Hühner auf der Stange.

Begriffe wie «Schulzimmer» und «Hörsaal» bringen unverblümt zum Ausdruck, welches Lernverständnis dahinter steckt. Und welches Verhalten erwartet wird.

Damit die Verantwortung nicht an der Garderobe abgegeben wird, müssen Schulzimmer zu Kommunikationsräumen mutieren. Dabei wird diese Kommunikation um so fruchtbarer, je mehr der Raum sie fördert. Der Raum wirkt auf die Menschen, die in ihm tätig sind. Er kann aktivieren oder einschläfern, aggressiv machen oder beruhigen. Er kann die Arbeit unterstützen oder behindern. Räume bewirken Verhaltensweisen, setzen Geschehen und Vorgänge frei. In seinem Film über die Pisa-Sieger erzählt Reinhard Kahl von den drei Pädagogen der Schweden: Der erste sind die anderen Kinder, der Lehrer der zweite Pädagoge. Und der dritte ist der Raum mit seinem Interieur. *(Kahl 2002)*

Da gibt es die Geschichte vom Lehrer, der es seiner innovativen Lernarrangements wegen zu einer gewissen Bekanntheit in der Szene gebracht hatte. Ein Kollege tritt deshalb einmal mit einem Anliegen an ihn heran: «Ich habe gehört, dass du deinen Unterricht in spezieller Weise gestaltest. Darf ich mich einmal bei dir hinten ins Schulzimmer setzen und ein bisschen zuschauen?» – «Klar, du kannst dich jederzeit in mein Schulzimmer setzen. Allerdings kann ich dir nicht sagen, wo ‹hinten› ist.»

Wie er haben vielerorts engagierte Lehrpersonen sich ein Herz gefasst und den ihnen zugewiesenen Platz vor der Wandtafel verlassen. Sie haben neue Wege der Raumgestaltung gesucht und gefunden. Sie haben die 64-Quadratmeter-Käfighaltungs-Norm staatlicher Schulhausbauverordnungen handlungsaktiv in Frage gestellt. Sie haben die Schulzimmer zu den Korridoren hin erweitert, haben originelle Lösungen zur Nutzungsoptimierung von Schulhäusern gefunden, haben Raum und Räume geschaffen für konstruktive Interaktionen, manchmal auch gegen alle offenen und versteckten Vorbehalte der Betonfraktion der Verhinderer in den eigenen Reihen.

Räume bringen eine Haltung zum Ausdruck und fordern ein entsprechendes Verhalten. Das heisst: Die Gestaltung eines Raumes determiniert in hohem Masse das, was sich darin entwickelt. Wer eine Kirche betritt, benimmt sich anders als in der benachbarten Pizzeria.

Die Formen der Interaktion bilden sich (auch) durch den Raum. In der Kirche. In der Pizzeria. Und in der Schule.

Mut zum Dreh

Raum und Räume für Interaktion – das hat indes nicht nur mit Wänden und Türen, Tischen und Stühlen zu tun. Raum meint auch: Spielraum. Und Gestaltungsraum. Denn nicht nur die ausgerichteten Bankreihen behindern die Interaktion und damit das Lernen.

Die strukturelle und organisatorische Enge und der Rückzug auf die eigenen Unterrichtsinseln können mindestens so kommunikationstörend sein. Mit allen negativen Auswirkungen auf das schulische Lernen. Das beginnt damit, dass Mathematik nichts mit Deutsch zu tun hat. Und die 4b nichts mit der 3a. Dass Fächer und Jahrgänge hermetisch voneinander abgeschottet werden. Dass der Physiklehrer keine Ahnung hat, was beim Kollegen in Chemie so läuft. Und es ihn nicht einmal interessiert. Das heisst im Klartext: Wer ein «neues» Lernen will muss eine «neue»

Kommunikation aufbauen – und «alte» Strukturen wenn nicht auflösen, so doch mindestens durchbrechen.

Davon ist immer wieder die Rede. Und dennoch scheuert letztlich die Debatte seit Jahrzehnten in den selben Rillen. Denn Paradigmen-Wechsel gehen ans Eingemachte. Und da ist dann manch einer gar nicht so unglücklich, wenn die Lehrpläne und die Behörden und die Kollegen und die Eltern und überhaupt vorgeschoben werden können. Muster knacken ist um einiges mühsamer, als Gründe zu finden, warum etwas nicht geht.

Dabei ist das, was im Brustton der Überzeugung als unmöglich taxiert wird, meist einfach unbequem. Aber Saurier sind schliesslich auch nicht an einem Tag ausgestorben.

Denn aller Widrigkeiten zum Trotz haben in vielen Schulen engagierte Menschen ihrem Wunsch nach etwas Anderem, auch Taten folgen lassen. Einige haben Mut zum Dreh gezeigt. Sie haben nicht neue gedankliche Tapeten an alte Mauern aufgeklebt. Sie haben Mauern ausgebrochen. In Köpfen und Häusern. Sie haben Raum geschaffen. Das äussert sich in Lernateliers und Lernteams, in grosszügig bemessenen, frei gestaltbaren Arbeitszeiten, im Auflösen von Fach- und Klassenstrukturen. Es zeigt sich aber auch in neuen Arbeitszeitmodellen (z.B. Präsenzzeiten), in einem neuen Berufsverständnis und in einer höheren Berufszufriedenheit der Lehrpersonen. Und es manifestiert sich darin, dass aus Schülern mit einem Mal Unternehmer in eigener Sache werden. Kurz: Es zeigt sich darin, dass Schule eben auch anders sein kann. Ganz anders. Und: «Dass es» funktioniert.

Quellen

Bandura, Albert: Self-efficacy: The exercise of control. Free-man. New York. 1997

Baumert, Jürgen et al: Expertise «Steigerung der Effizienz des mathematisch-naturwissenschaftlichen Unterrichts.» Im Auftrag des Bundesministeriums für Bildung, Wissenschaft, Forschung und Technologie. 1997

Becker, Gerold: Der lange Abschied von der grossen Illusion. Lernwege differenziert gestalten. In: Praxis Schule 5-10. Heft 2/1997

Boehnke, Klaus: Du Streber. Leistung und Motivation. In: Psychologie heute. Februar 2004

Csikszentmihalyi, Mihaly: Das Flow-Erlebnis. Jenseits von Angst und Langeweile: im Tun aufgehen. Klett-Cotta. Stuttgart. 1996

de Shazer, Steve: Der Dreh. Überraschende Wendungen und Lösungen in der Kurzzeittherapie. Heidelberg. 1989

Dörger, Ursula: Qualität-Effektivität-Leistung. In: Praxis Schule 5-10. Heft 1. Februar 2003

Eder, Ferdinand/Lang, Birgit: Persönlichkeitsentwicklung in der Schule – durch die Schule? In: C. Wallner-Paschon & G. Haider (Hrsg.), PISA Plus 2000. Thematische Analysen nationaler Projekte. StudienVerlag. Innsbruck. 2002.

Ernst, Heiko: Bereit für die Zukunft? Was wir morgen können müssen. In: Erfolg! Psycholgogie heute compact. Weinheim. 2002

Frey, Karl/Frey-Eiling, Angela: Allgemeine Didaktik. Verlag der Fachvereine. Zürich. 1993

Fuchs, Carina: Selbstwirksam lernen im schulischen Kontext – Kennzeichen. Bedingungen. Umsetzungsbeispiele. Diss. Universität Hamburg. 2004

Gasser, Peter: Neue Lernkultur. Eine integrative Didaktik. Sauerländer. Aarau. 1999

Gerber, Martin/Gruner, Heinz: FlowTeams – Selbstorganisation in Arbeitsgruppen. Orientierung 108. Credit Suisse. Zürich. 1999

Haney, C./Banks, C./Zimbardo, P.: Interpersonal dynamics in a simulated prison. In: International Journal of Criminology and Penology. 1973

Jollien, Alexandre: Lob der Schwachheit. Pendo. Zürich. 2001

Kahl, Reinhard: Auf den Anfang kommt es an. Filmische Dokumentation über die Pisa-Sieger Finnland, Schweden und Kanada. Hamburg. 2002

Krapf, Bruno: Aufbruch zu einer neuen Lernkultur. Erhebungen, Experimente, Analysen und Berichte zu pädagogischen Denkfiguren. Haupt, Bern, 1994

Krapf, Bruno: Mündliche Darlegung im Rahmen eines Workshops. Beatenberg. 1996

Kriz, Willy C./Nöbauer, Brigitta: Teamkompetenz. Konzepte, Trainingsmethoden, Praxis. Vandenhoeck&Ruprecht. Göttingen. 2002

Konferenz der Schweizerischen Gymnasialrektoren. Schnittstelle Gymnasium-Hochschule. Arbeitsgruppe I. 2000

Langer, Ellen J: Kluges Lernen. Sieben Kapitel über kreatives Denken und Handeln. Rowohlt. Reinbek. 2001

Laskowski, Annemarie: Was den Menschen antreibt. Entstehung und Beeinflussung des Selbstkonzepts. Campus. Frankfurt. 2000

Mehlmann, Ralf/Röse, Oliver: Das LOT-Prinzip. Lösungsorientierte Kommunikation im Coaching, mit Teams und in Organisationen. Vandenhoeck&Ruprecht. Göttingen. 2000

Moll, Bruno: Fit for Life. Lernen ist eine Dauerbaustelle. Dokumentarfilm. h.e.p. verlag. Bern. 2003

Müller, Andreas: Lernen steckt an. h.e.p. verlag. Bern. 2001

Müller, Andreas: Wenn nicht ich, ...? Und weitere unbequeme Fragen zum Lernen in Schule und Beruf. h.e.p. verlag. Bern. 2002

Müller, Andreas: Dem Wissen auf der Spur. LernJobs vermitteln Impulse zum Entdecken. Dossier. Beatenberg. 2003

Müller, Andreas: Sich den Erfolg organisieren. Das Layout fördert selbstwirksames Lernen. Dossier. Beatenberg. 2002

Oelkers, Jürgen: Und wo, bitte, bleibt Humboldt. In: Die Zeit. Nr. 27/2002

Reinmann-Rothmeier, Gabi/Mandl Heinz: Computernetze in der Schule. In: Huber/Kegel/Speck-Hamdan (Hg.): Schriftsprachenerwerb: Neue Medien – Neues Lernen!? Westermann. Braunschweig. 1999

Roth, Gerhard: Wie wir lernen – neueste Erkenntnisse der Gehirnforschung. Vortragsmanuskript. Zürich. 2003

Schäfer, Annette: ... dann wäre ich endlich glücklich. In: Psychologie heute. Heft 2. Februar 2004

Schnabel, Ulrich: Auf der Suche nach dem Kapiertrieb. In: Die Zeit. Nr. 48/2002

Schräder-Naef, Regula: Warum Erwachsene (nicht) lernen. Zum Lern- und Weiterbildungsverhalten Erwachsener in der Schweiz. Nationales Forschungsprogramm 33. Verlag Rüegger. 1997

Senge, Peter M. e.a.: Das Fieldbook zur Fünften Disziplin. Klett-Cotta. Stuttgart. 1997

Sloterdijk, Peter: Lernen ist Vorfreude auf sich selbst. Peter Sloterdijk im Gespräch mit Reinhard Kahl. In: Pädagogik 12/2001

Spiess, Walter: Logik des Gelingens. Lösungs- und entwicklungsorientierte Beratung im Kontext von Pädagogik. Borgmann. Dortmund 1998

Spitzer, Manfred: Geist im Netz. Heidelberg. 2000

Spitzer, Manfred: Lernen. Gehirnforschung und die Schule des Lebens. Spektrum Akademischer Verlag. Heidelberg/Berlin. 2002

Stadelmann, Willi: Frühe Förderung und lebensbegleitendes Lernen im Lichte neuropsychologischer Erkenntnisse. Manuskript. OECD-Regionalseminar. Wien 2003.Szabo, Peter: Coaching – reduced to the max.

Thimm, Katja: Guten Morgen liebe Zahlen. In: Der Spiegel. 27/2002

Traebert, Detlef: In: Praxis Schule 5-10. Januar 2003.

Vierlinger, Rupert: Leistung spricht für sich selbst. Dieck-Verlag. Heinsberg. 1999

Voigt, Birgit: Prüfungsbetrug von Swissair-Piloten. Jahrelang mogelten Piloten der ehemaligen Fluggesellschaft bei Theorieprüfungen. NZZ am Sonntag/22.02.04

von Foerster, Heinz: Interview in: Pädagogik. Nr. 7/8. 1998

von Foerster, Heinz: Expertenprofil. In: Zeitschrift für systemisches Management und Organisation. 02/2003

Watzlawick, Paul: Wie wirklich ist die Wirklichkeit? Wahn, Täuschung, Verstehen. Piper. München. 1985

Wilms, Ralph J.: Gummibär, Diva & Co. Psychologische Reifeentwicklung und Führung. In: Alpha. Beilage zum Tages Anzeiger vom 28./29.02.2004